Bekenntnis

Bekenntnis – Bezeugung des Evangeliums

Zum Verständnis von Bekennen und Bekenntnis in Lehre und Leben der Kirche

Im Auftrag der Vereinigten Evangelisch-Lutherischen Kirche (VELKD) herausgegeben von Christine Axt-Piscalar und Andreas Ohlemacher

EVANGELISCHE VERLAGSANSTALT
Leipzig

Die Deutsche Nationalbibliothek verzeichnet diese Publikation in der Deutschen Nationalbibliographie; detaillierte bibliographische Daten sind im Internet über http://dnb.dnb.de abrufbar.

Das Buch wurde auf alterungsbeständigem Papier gedruckt.

Bei Fragen zur Produktsicherheit wenden Sie sich bitte an info@eva-leipzig.de.

Cover: Fruehbeetgrafik · Thomas Puschmann, Leipzig
Satz: makena plangrafik, Leipzig
Druck und Binden: BELTZ Grafische Betriebe GmbH, Bad Langensalza

ISBN 978-3-374-07789-2 // eISBN (PDF) 978-3-374-07790-8
www.eva-leipzig.de

Vorwort

Im Einvernehmen mit der Bischofskonferenz erteilte die Kirchenleitung der VELKD ihrem Theologischen Ausschuss den Auftrag, »eine Handreichung für Mitglieder von Synoden und Kirchenkreistagen, Kirchenvorstände und andere Interessierte« zum Thema »Bekenntnis« zu erstellen, »die das Thema für sie nachvollziehbar erschließt. ... Der Fokus sollte auf der gegenwärtigen Bedeutung des ›Bekenntnisses‹ für Leben und Lehre der Kirche, für den Glaubensvollzug des Einzelnen und für die Außenwahrnehmung von Kirche liegen.«

Der Theologische Ausschuss hat sich der Aufgabenstellung angenommen in der Absicht, eine bündige Darlegung zum Thema »Bekenntnis« zu erarbeiten. In der Beschäftigung mit der Thematik aus der Perspektive der verschiedenen theologischen Disziplinen tut sich freilich ein vielfältiges Spektrum auf, wenn auf den Gebrauch von Bekennen und Bekenntnis in der Schrift, in der Alten Kirche, auf die je eigentümliche Bedeutung in den reformatorischen Kirchen, im Bereich des kirchlichen Rechts, im Kontext der Verpflichtung von Pfarrerinnen und Pfarrern, Lehrerinnen und Lehrern und von Synodalen abgestellt und wenn danach gefragt wird, welche Rolle das Bekenntnis in Lehre und Leben der Kirche in der Gegenwart, nicht zuletzt bei jungen Erwachsenen, spielt. Im Neuen Testament ist das Bekenntnis zu Jesus Christus als dem Herrn, den Gott von den Toten auferweckt hat (Röm 10,9), der Grundakt des Einzelnen und der Gemeinde, mit dem sie ihre Zugehörigkeit zu Jesus Christus öffentlich bekennen und sich durch dieses Bekenntnis in ihrer Existenz begründet und gebunden wissen. Bei allen Nuancen und Verschiebungen, die sich im Laufe der Kirchengeschichte von der Zeit der Urgemeinde über die Alte Kirche, die Reformationszeit bis hin zur Gegenwart zeigen, ist diese Grundbestimmung des Bekenntnisses prägend: Es ist Ausdruck der Selbstbindung des Einzelnen und der Gemeinde an den Dreieinigen Gott und dient der öffentlichen Bezeugung des Evangeliums von Jesus Christus.

Die vorliegende Handreichung gibt eine Orientierung in dem facettenreichen Gebrauch des Bekenntnisses. Als Methode für die Handreichung bot sich – anlehnend an Luthers Katechismen und den Heidelberger Katechismus – die ›katechetische‹ Form an: Kurze Fragen oder Überschriften stellen prägnante Aspekte heraus, die in den dazugehörigen Antworten in der gebotenen Kürze behandelt werden. So ist ein vielfältiger Fragen- und Themenkatalog entstanden, der zur besseren Orientierung und als Überblick über das Spektrum der behandelten Aspekte der Handreichung vorangestellt und unter den zentralen Hauptgesichtspunkten (I–IV) gegliedert ist.

Die Handreichung lässt sich so von der Leserin und dem Leser auf unterschiedliche Weise gebrauchen: Es ist möglich, den Fragen- und Themenkatalog von Anfang bis Ende durchzulesen und sich so einen soliden inhaltlichen Überblick über die Thematik im Ganzen zu verschaffen. Es ist ebenso gut möglich, sich diejenigen Fragen und Aspekte herauszusuchen, die den eigenen Interessen am besten entsprechen, und sich mit den dazugehörigen Abschnitten zu beschäftigen. Von da ausgehend kann man sich wiederum zu anderen, damit verknüpften Gesichtspunkten leiten lassen. In der Handreichung selbst wird an einigen Stellen auf solche inhaltlichen Verbindungen und die entsprechenden Abschnitte hingewiesen.

Dem Bekenntnis kommt im Glaubensleben des einzelnen Christenmenschen sowie in Verkündigung, Lehre, Sozialgestalt und im Recht der Kirche eine zentrale Rolle zu. Diese Bedeutung zeigt sich auch darin, dass alle, die zum Dienst in der Kirche berufen sind, auf »Schrift und Bekenntnis« verpflichtet werden. Warum und inwiefern dies mit Gründen so ist, darüber will die Handreichung informieren und Lust auf die Beschäftigung mit dem Thema »Bekenntnis« als Bezeugung des Evangeliums machen.

Göttingen/Hannover,
Reformationstag 2025

Christine Axt-Piscalar *Andreas Ohlemacher*

Inhalt

I.

Was meinen wir, wenn wir von »Bekenntnis« sprechen? – Zu den verschiedenen Facetten eines vielschichtigen Begriffs

III.

Wo spielt das »Bekenntnis« eine Rolle in Gottesdienst und Gemeindeleben?

IV.

Aktuelle Kontroversen und Zukunftsperspektiven zur Rolle des Bekenntnisses und von Bekenntnistexten

Anhang

I. Was meinen wir, wenn wir von »Bekenntnis« sprechen? – Zu den verschiedenen Facetten eines vielschichtigen Begriffs

1. Was ist ein Bekenntnis?

Ein Bekenntnis ist eine Aussage, zu der ein Mensch *öffentlich* zu stehen und für die er sich mit seiner *ganzen Existenz* einzusetzen bereit ist. Das Bekenntnis sagt etwas über den Gegenstand des Bekenntnisses aus, und es sagt vor allem etwas über die Bedeutung aus, die dieser Gegenstand für das Leben der bekennenden Person und Gemeinschaft hat. Das Bekenntnis hat den Charakter der öffentlichen Selbstverpflichtung, der Ausrichtung der eigenen Existenz, der Anerkennung und der existenzbestimmenden Überzeugung bezogen auf den Gegenstand des Bekenntnisses.

Im christlichen Verständnis ist das Verhältnis des bekennenden Menschen zum Inhalt des Bekenntnisses durch die Einleitung mit »ich glaube« / »wir glauben« ausgedrückt. »Glaube« ist nach reformatorischem Verständnis lebensbegründendes Vertrauen. Mit dem Bekenntnis sprechen ein Mensch oder eine Gemeinschaft aus, worauf sie ihr Leben begründen und woher sie alles Gute erwarten: ›was ihr Gott ist‹[1]. Der Bezugspunkt eines solchen Bekenntnisses ist immer Gott, den der Mensch als Grund und Halt seines Lebens erfahren hat.

Insofern ist das Bekenntnis die anerkennende, lobpreisende Antwort auf das lebensbegründende Handeln des Dreieinigen Gottes (Mt 11,25–27). Im Akt des Bekennens kommt die Erkenntnis des Glaubens vom Heilshandeln Gottes zum Ausdruck. Nach christlichem Verständnis ist das Bekenntnis wesentlich Christusbekenntnis. Zentrum des Bekenntnisses ist die Anerkennung Jesu Christi als tragender Grund des Lebens des Einzelnen und der Kirche.

---

1 Martin Luther, Großer Katechismus, Auslegung des 1. Gebots (BSELK 930, 14–16).

2. Welche Arten von Bekenntnissen gibt es?

Es gibt zahlreiche Verwendungen von »Bekenntnis« und »Bekennen« über die Bibel hinaus: »Bekenntnis« sind nicht nur die Glaubensbekenntnisse, die im Gottesdienst gesprochen und bei der Taufe bekannt werden. Zum Beispiel kann auch das Trauversprechen als Bekenntnis bezeichnet werden (Bekenntnis des Paares zueinander). Menschen »bekennen sich« zu – oft politischen – Zielen, zur Zugehörigkeit zu bestimmten Gruppen.

Hingegen zielt eine Bezeichnung wie »lutherisch«, »reformiert«, »uniert« o. ä. auf ein ›Set‹ von Bekenntnistexten und daraus entstandenen kirchlichen und anderen Formationen, die in Deutschland als »Konfession« (in anderen Ländern »denomination« o. ä.) bezeichnet werden.

Das Sündenbekenntnis wiederum nimmt eine besondere Rolle ein: Es ist in hervorgehobener Weise auf den Bekennenden (als Einzelnen oder als Gemeinde) bezogen, rühmt darin aber zugleich Gottes Gnade, der Sünde vergibt (Ps 51; 103 u. ö.).

3. Wie stehen Bekennen und Bekenntnis zueinander?

Im theologischen Verständnis des Bekenntnisses wird häufig der Zusammenhang zwischen einem authentischen Akt der Selbstaussprache der oder des Bekennenden und dem geprägten kirchlichen Bekenntnis als Kriterium der Wahrhaftigkeit der Bekenntnisbindung diskutiert. Dies entspricht dem unter 1. genannten Zusammenhang von Rede über Gott und Selbstaussage: Die inhaltsbezogene Rede über den Grund des eigenen Lebens ist zugleich eine authentische Selbst-»Definition«, die die Identität des bekennenden Menschen stiftet, prägt und zum Ausdruck bringt. Das eigentliche Bekenntnis kann dann schon eine kurze Formel wie »Jesus ist der Herr« oder »der Messias« oder »ist auferstanden«, wie im Neuen Testament, sein. Das Bekenntnis in diesem Sinne ist ein »deskriptiver« (beschreibender, auf den Gegenstand bezogener) und zugleich und vor allem ein »expressiver« (die eigene Existenz ausdrückender) Akt.

Die *ausformulierten* Bekenntnisse der Alten Kirche haben den Bezug zu dieser ursprünglichen Situation des Bekennens nicht verloren. Dies ist erkennbar bereits darin, dass sie in den Zusammenhang der Taufe gehören (vgl. zur Entwicklung Abschnitt 8) und damit in den Kontext der authentischen Selbstdefinition der oder des bekennenden Einzelnen und der Gemeinschaft durch die Zugehörigkeit zu dem Dreieinigen Gott.

Auf der anderen Seite ist zu beachten, dass nicht alle Bekenntnisse in diese Situation gehören. Das Bekenntnis und der Begriff des Bekenntnisses unterliegen in der Geschichte der Kirche einem Wandel, in welchem bestimmte Aspekte des Bekenntnisses stärker betont werden und andere eher zurücktreten. Schon die altkirchlichen synodalen Bekenntnisse bringen deutlicher den Charakter der identitätsstiftenden kirchlichen Lehre zum Ausdruck und verknüpfen dies mit dem expressiven Vollzug des Bekenntnisses des Einzelnen und der Gemeinschaft der Kirche. Das »Wir glauben« erhält zum expressiven einen deskriptiven Akzent mit präskriptivem (vorschreibendem) Charakter. Das Bekenntnis bekommt so verstärkt die Funktion der Identifikation einer kirchlichen Gemeinschaft über die in ihr geltenden zentralen Gehalte des Glaubens.

Die förmlichen Bekenntnisse der Reformationszeit haben vor allem diese letztere Funktion: Sie ordnen die Verkündigung des Evangeliums und die Verwaltung der Sakramente auf diejenige Verkündigung hin, durch die Glaube entstehen kann und eine Gemeinschaft der Glaubenden (Kirche) begründet wird. Die reformatorischen Bekenntnisse formulieren die Einsicht in eine gemeinsam entdeckte ›Mitte der Schrift‹ und haben an dieser ›Mitte der Schrift‹ – dem Evangelium von Jesus Christus – den Grund und die Grenze ihres Geltungsanspruchs.

4. Wie wird im Alten Testament mit dem Thema Bekenntnis umgegangen?

Im Alten Testament finden sich Bekenntnisse oder bekenntnishafte Formulierungen vor allem in zwei Bereichen:

a) Bekenntnis zu dem einen Gott: Obwohl das Alte Testament kein theologisches Lehrbuch ist, in dem das System einer Religion gleichsam dogmatisch entfaltet würde, finden sich auch dort bekenntnishafte Aussagen. Die populärste ist das »Höre Israel« (Schma Jisrael) in Dtn 6,5. Der Satz: »Höre Israel; JHWH ist unser Gott, JHWH ist einer« wird schließlich als Bekenntnis zu dem einen Gott verstanden. Dem entspricht der Beginn des Dekalogs (der Zehn Gebote) mit der Formulierung »[Nur] ich bin JHWH« / »[Nur] ich bin der Herr« (Dtn 5,6), worin Israels Gott selbst seinen Ausschließlichkeitsanspruch ausdrückt; im Neuen Testament wird dies in den sog. Ich-bin-Worten des Johannesevangeliums wieder aufgegriffen (Joh 6,35; 8,12; 10,11 etc.). Dieser Anspruch wird im AT damit begründet, dass die Handlungen Gottes für sein Volk nacherzählt werden (z. B. Dtn 6,20 ff. oder 26,5 ff.). Die Einzigkeit Gottes führt schließlich zur Abkehr von anderen Göttern und zur Konversion zu JHWH (z. B. Ps 91,1 f.). Mit dem Glaubensbekenntnis ist eng das Sündenbekenntnis verbunden, sodass die Betenden von Gott, dem Schöpfer, auch die Erneuerung der eigenen Person erbitten: »Schaffe in mir, Gott, ein reines Herz« (Ps 51,12). Beten und Bekennen gehören im AT eng zusammen.

b) Das Exodus-Credo: Ein grundlegendes Bekenntnis im Alten Testament ist das Exodus-Credo: der Verweis auf die grundlegende Heilstat der Heraus- oder Heraufführung aus Ägypten. Während man früher dieses Bekenntnis für sehr alt und für die ganze alttestamentliche Überlieferung in ihrer Entwicklung prägend hielt, zeigt sich heute, dass es vor allem in der Literatur nach dem Ende der Königszeit (mit der Zerstörung des Jerusalemer Tempels 584 v. Chr. und dem babylonischen Exil) ausgebildet wurde, um den Auszug aus Ägypten als entscheidendes Heilsereignis erinnernd zu vergegenwärtigen und als Grund der Freiheit im umfassenden Sinne anzunehmen (vgl. z. B. den Prolog des Dekalogs Ex 20,2 / Dtn 5,6). Das Ur-Bekenntnis zu dem Gott, der Israel aus Ägypten herausgeführt hat, bindet damit nicht nur an eine »vergangene« Heilstat zurück, sondern hat zugleich eine gegenwärtige heilsvermittelnde (»soteriologische«) Funktion: Der Exodus aus Ägypten symbolisiert, dass das Heil nicht in menschlichen Fähigkeiten begründet ist, sondern von außerhalb, von Gott, kommt. Damit wird der Exodus zum Lebensgrund des Volkes Israel (vgl. Dtn 7,7–8) wie des Einzelnen (Ps 142,8).

5. Welche Bekenntnisse gibt es im Neuen Testament?

Die ältesten neutestamentlichen Bekenntnisse sind eine Reaktion auf das Osterevangelium: *»Er ist auferstanden«* (Mk 16,6). Diese Erkenntnis ist grundlegend für das Bekenntnis, das im Neuen Testament am häufigsten zitiert wird, dass Gott »unseren Herrn Jesus von den Toten auferweckt hat« (Röm 4,24; 10,9 u. ö.). Ein frühes urchristliches – vermutlich Jerusalemer – Glaubensbekenntnis hält fest,

> »dass Christus gestorben ist für unsre Sünden nach der Schrift;
> und dass er begraben worden ist;
> und dass er auferweckt worden ist am dritten Tage nach der Schrift«

(1Kor 15,3–5; vgl. 1Thess 4,14; Gal 1,1.4). Dieses Bekenntnis wurde zum Maßstab für die Übereinstimmung in der gemeinsamen Glaubensüberlieferung (1Kor 15,1–11; vgl. Röm 6, bes. 3-12). Hier zeigen sich die ersten, geradezu ökumenischen Ansätze zur späteren Bekenntnisbildung.

Weil Jesus von den Toten auferweckt wurde, bekennen Christen: *»Jesus ist der Herr«* (Röm 10,9; 1Kor 12,3; Phil 2,11). Der Titel »Herr« diente in der griechischen Übersetzung des Alten Testaments (der Septuaginta) als Umschreibung des Gottesnamens (JHWH), wurde aber schon früh auf Jesus Christus bezogen (1Thess 1,1) und mit dem einen Gott in Beziehung gesetzt (vgl. 1Kor 8,4.6; vgl. Eph 4,5–6). Damit beansprucht Paulus – wie Jesus selber –, am jüdischen Bekenntnis festzuhalten: »Höre, Israel, der Herr, unser Gott, ist der Herr allein« (Mk 12,29; vgl. Dtn 6,4). Dieser eine Gott ist für den Apostel der *Vater* unseres Herrn Jesus Christus (Röm 15,6; 2Kor 1,3 u. ö.), ebenso wie für Jesus selber (Röm 1,3f. 8,15; Gal 4,6f.).

Bereits der Name Jesus *Christus* (wörtlich: »Gesalbter«) ist ein Bekenntnis zu Jesus als *Messias* (dem »Gesalbten«) (Mk 8,29; Joh 1,41; 9,22), dem endzeitlichen Heilsbringer Israels und der ganzen Völkerwelt. Christus wurde am Kreuz hingerichtet, ist aber nicht im Tod geblieben. Er wurde durch seine Auferweckung von Gott als Messias bestätigt (1Kor 15,3f.) und zur Rechten Gottes erhöht und eingesetzt (Röm 1,3f.).

Schon sehr früh wurden solche Glaubensformeln in *Christus-Hymnen* entfaltet, die die bisherigen Bekenntnisaussagen in einen weiteren Horizont stellen (»von Ewigkeit zu Ewigkeit«, Offb 1,18). Sie preisen nicht nur die endzeitliche Vollendung seiner Herrschaft über die ganze Welt, sondern führen auch seine Herkunft immer weiter zurück auf Gottes Sein vor aller Zeit. Die ältesten Bekenntnislieder sind die Hymnen auf Christus im Philipper- und Kolosserbrief (Phil 2,6–11; Kol 1,15–20; vgl. 1Tim 3,16; Hebr 1,1–4; Joh 1,1–18; Offb 4,8.11; 5,9-13).

6. Wo hat das Bekenntnis im Neuen Testament seine Funktion im Leben der Gläubigen?

Das Singen von Psalmen, Hymnen und geistlichen Liedern (1Kor 14,26; Kol 3,16; Eph 5,19) geschieht im *Gottesdienst*. Schon das Bekenntnis zu Jesus als Herrn am Ende des Christushymnus in Phil 2,6–11 weist auf den Gottesdienst als Sitz im Leben der Gemeinde hin. Es geht zurück auf den aramäischen Gebetsruf »Maranatha!« (»Unser Herr, komm!«, vgl. 1Kor 16,22), der um die endzeitliche Wiederkunft Christi bittet (Phil 3,20–21; 1Thess 1,10) und in der Liturgie zur Feier des Herrenmahls überleitet (vgl. 1Kor 11,26; Offb 22,20). Durch das Bekenntnis zum Herrn bringt die Gemeinde nicht nur ihren Glauben zur Sprache. Sie wird auch ihrer Zugehörigkeit zu Christus vergewissert und in ihrer Identität bestätigt. Das Singen ist ein Ausdruck des Gotteslobs, festigt den Einzelnen in seiner Beziehung zu Jesus Christus und dem durch ihn eröffneten Verhältnis zu Gott als Vater und stärkt die Gemeinschaft der Glaubenden untereinander.

Was Christus nach dem Bekenntnis von 1Kor 15,3–5 für uns getan hat, wird in der *Taufe* jedem Täufling zugeeignet (Röm 6,3–5). Darum wird in jedem Taufgottesdienst das Glaubensbekenntnis gesprochen. Verkündigt und vergegenwärtigt wird diese Gemeinschaft mit Christus in jeder Feier des *Abendmahls* (das Paulus »Herrenmahl« nennt; 1Kor 10,16f.; 11,20.23–26).

Das Bekenntnis zu Jesus als Herrn schließt die ganze *Existenz der Gläubigen* als Beziehungsgeschehen ein: Er ist »unser Herr« (Röm 1,4 u. ö.), »mein Herr« (Phil 3,8; Joh 20,28). Diese wechselseitige Verbundenheit bestätigt Jesus durch seine Aufforderung zum furchtlosen Bekennen: Wer ihn vor den Menschen bekennt – statt zu verleugnen –, zu dem wird er sich auch bekennen vor dem Vater im Himmel (Mt 10,32–33). Dazu gehört auch die Bereitschaft, öffentlich Rechenschaft zu geben von der Hoffnung durch die Auferstehung Jesu Christi von den Toten (1Petr 1,3; 3,15). Ein solches Bekenntnis konnte schon in neutestamentlicher Zeit in der gesellschaftlichen Öffentlichkeit befremdlich wirken, ja dazu führen, geschmäht und verfolgt zu werden um des Namens Christi willen (4,12–14; Mt 5,11).

Das Bekenntnis zu dem *einen* Herrn begründet die *Einheit der Kirche*: der örtlichen Gemeinde (1Kor 8,6; 12,3–13; 15,11) ebenso wie der Gemeinschaft der Gläubigen und Getauften weltweit und zu allen Zeiten (Eph 2,14–18.21f.; 4,1–6.13.15f.).

In den späteren Schriften des Neuen Testaments beginnt das überlieferte Glaubensbekenntnis zum *Prüfkriterium für Irrlehre* (1Tim 6,20; vgl. schon 1Kor 12,3) und falsche Prophetie (1Joh 4,1–3; 2Joh 7) zu werden. Maßstab ist kein anderes Evangelium als das Bekenntnis zu Jesus Christus als dem Herrn (s. Abschnitt 5), Erlöser, Retter und Heiland der Welt (Lk 2,11; Joh 4,42; Gal 4,4-7).

Quer durch das Neue Testament kommt es nicht nur auf das richtige Bekenntnis an, sondern auch auf die rechte *Liebe*, und zwar im Sinne des helfenden Handelns: Worte und Taten gehören zusammen, Bekenntnis und Verhalten dürfen nicht auseinanderfallen oder gar gegeneinander ausgespielt werden (1Joh 2,3–6.9–11; 3,17–18.23; 4,7–21; vgl. Mt 7,21; Tit 1,16; Jak 1,22–25; 2,14–26). Der Glaube wird durch die Liebe tätig (Gal 5,6; Mt 25,40; Phil 2,1-5; 4,4-9).

Existenzbestimmender Glaubensakt und Glaubensinhalt hängen untrennbar zusammen. Das Bekenntnis zu Christus begründet zugleich die *Hoffnung* auf das ewige Leben mit ihm: »Denn wenn du mit deinem Munde bekennst, dass Jesus der Herr ist, und glaubst in deinem Herzen, dass ihn Gott von den Toten auferweckt hat, so wirst du gerettet.« (Röm 10,9; vgl. Hebr 10,23)

7. Wie hängen Bekenntnis und Martyrium zusammen?

Dem Zusammenhang von existenzbestimmenden Bekenntnisakt und Bekenntnisinhalt entspricht es, wenn in manchen

Belegen der ersten drei Evangelien (der Synoptiker) das Martyrium – das Bekenntnis zu Christus durch die Hingabe des Lebens – als Gestalt der Taufe betrachtet wird (Mk 10,38) oder in späteren Aussagen das Martyrium als Äquivalent der Taufe angesehen wird. In den Zusammenhang dieser Martyriumstradition gehören viele synoptische Aussagen zum Bekenntnis zu Jesus Christus, dem ein Bekenntnis Jesu Christi zum Bekennenden im Gericht Gottes entsprechen wird (Mt 10,32f.; par Lk 12,8f.)

In der geschichtlichen Entwicklung wurden Christinnen und Christen zum Martyrium gezwungen, wenn sie ihr Christusbekenntnis nicht widerrufen wollten. Der Akt des Sterbens für Christus wurde zum äußersten leiblichen Bekenntnis. Viele der Märtyrerinnen und Märtyrer wurden später als Heilige verehrt. Ihr Opfer galt als vorbildliches Bekenntnis.

Wie zur Zeit des Urchristentums müssen auch in der Gegenwart in vielen Regionen der Welt Christinnen und Christen um ihres Bekenntnisses zu Jesus Christus willen um Leib und Leben fürchten, Verfolgung erleiden und den Tod auf sich nehmen. Dies ist vorgezeichnet im Wort Jesu, dass »die Welt« sie um seinetwillen verfolgen wird (Joh 15,18-21).

8. Entstehung und Bedeutung der altkirchlichen Bekenntnisse: »Apostolikum«, »Nizäno-Konstantinopolitanum«, »Athanasianum«

Aus den ursprünglichen kurzen Formeln, mit denen ein Mensch seine Zugehörigkeit zu Jesus Christus als dem Herrn und Erlöser zum Ausdruck brachte und die existenzbestimmende Bedeutung Jesu Christi für sein Leben aussprach, entwickelten sich längere bekenntnisartige Zusammenfassungen der wesentlichen Inhalte des christlichen Glaubens. Sie finden sich im ausgehenden 2. Jahrhundert bei den Kirchenschriftstellern Irenäus von Lyon und Tertullian. In Abgrenzung von der Erlösungslehre der Gnostiker, in der sie die Bedeutung des Menschen Jesus von Nazareth als Erlöser angegriffen sahen, definierten sie die »regula fidei« (Glaubens-Regel) als Inhaltsbestimmung des rechten Glaubens. Solche »Glaubens-Regeln« hatten zunächst noch wechselnde, unabgeschlossene Formulierungen.

In der Folgezeit traten ausformulierte Bekenntnisse (»Symbole«) mit überregionalem Anspruch auf. Ob sie sich historisch aus den Bekenntnisformulierungen der »regula fidei« oder aus dem Taufritus mit dreigliedrigen (trinitarischen) Tauffragen heraus entwickelt haben – ob sie also ursprünglich aus der Lehrauseinandersetzung mit »Häretikern« oder aus dem liturgischen Vollzug stammen –, ist in der Forschung umstritten.

Sicher ist, dass die ausformulierten Bekenntnisse ihren ›Sitz im Leben‹ im Vollzug der Taufe haben; seit dem 3. Jahrhundert findet der Taufunterricht seinen Höhepunkt und Abschluss in der Einführung in das Bekenntnis der Kirche.

Das *Apostolische Glaubensbekenntnis* verdankt seinen Namen einer Entstehungslegende, nach der die 12 Apostel bei der Verleihung des Heiligen Geistes zu Pfingsten nacheinander die Worte dieses Bekenntnisses – daher die Aufteilung in 12 Artikel – gesprochen hätten. Sachlich ist es zum ersten Mal in Rom bezeugt in der Hippolyt zugeschriebenen Kirchenordnung (Traditio apostolica, Ende des 2. Jhs), und zwar im

Rahmen der Taufliturgie als ein Bekenntnis, auf dessen drei Artikel hin der Täufling jeweils »ich glaube« sagt und jeweils anschließend einmal untergetaucht, d. h. getauft wird. In einer frühmittelalterlichen Form aus Gallien hat das Apostolische Glaubensbekenntnis Eingang in die neuzeitlichen Gottesdienstordnungen gefunden. Es ist fester Bestandteil der Liturgie des evangelischen Gottesdienstes.

Das *Glaubensbekenntnis von Nizäa (325)*, das die Auseinandersetzung um die Position des alexandrinischen Presbyters Arius, der die Gottheit Jesu leugnete und damit aus Sicht der Kirchenväter die Erlösung gefährdete, zu einer ersten Entscheidung brachte und die Wesenseinheit des in Jesus von Nazareth erschienenen Sohnes mit dem Vater, dem Schöpfer des Himmels und der Erde, formulierte, ist vermutlich ursprünglich ein Taufbekenntnis.

Die Formulierung der Verhältnisbestimmung von Vater und Sohn, die dieses Bekenntnis im zweiten Artikel vornahm, war in den folgenden Jahrzehnten heftig umstritten, wurde auf dem Konzil von Konstantinopel (381) jedoch bekräftigt und durch ein Bekenntnis zur Gottheit des Heiligen Geistes ergänzt. Dieses *Bekenntnis von Nizäa und Konstantinopel* wird bis heute in allen christlichen Kirchen gottesdienstlich verwendet (das »Nizäno-Konstantinopolitanum«, EG 850), in den evangelischen Kirchen an hohen Feiertagen und insbesondere dann, wenn mit Gläubigen der orthodoxen Kirchen Gottesdienst gefeiert wird.

In diesen Bekenntnissen des 2. bis 4. Jahrhunderts zeigt sich die in klärender und abgrenzender Auseinandersetzung mit Gegenpositionen erfolgende Ausbildung der Bekenntnisse, die die soteriologischen Aussagen des Neuen Testaments zu Jesus Christus, dem Heiligen Geist und dem einen Gott aufgreifen und entfalten sowie von ›Irrlehren‹, die den Heilsglauben nicht wahren, abgrenzen (s. Abschnitte 5 und 6).

Neben dem Apostolischen Glaubensbekenntnis und dem Bekenntnis von Nizäa und Konstantinopel ist in den lutherischen Bekenntnisschriften und in vielen Bekenntnissen der reformierten Tradition ein Bekenntnis aufgenommen, das die Tradition (fälschlich) dem hartnäckigsten Gegner des Arius und der arianischen Theologie, dem Kirchenvater Athanasius, zuschrieb: das (Pseudo-)*Athanasianum*. Dieses Bekenntnis wird heute selten verwendet, weil es in problematischer Weise den Glauben an die Aussagen des Athanasianum zur Bedingung der Seligkeit erklärt. Es stellt aber eine theologisch beeindruckende und geradezu lyrische Formulierung der Grundeinsichten der altkirchlichen Lehre von der göttlichen Dreieinigkeit sowie der göttlichen und menschlichen Natur Jesu Christi dar. Diese Grundeinsichten wurden vor allem auf dem Konzil von Chalcedon 451 n. Chr. dahingehend formuliert, dass in der Person Jesu Christi Gott und Mensch (die göttliche und die menschliche Natur Christi) untrennbar, aber auch ohne Vermischung miteinander verbunden sind, um die Heilsbedeutung von Person und Wirken Jesu Christi auszudrücken und gegen Verfälschungen festzuhalten.

Indem die reformatorischen Kirchen diese altkirchlichen Bekenntnisse in ihre Bekenntnisse aufnahmen, stellen sie sich in ihre Tradition und in die eine, heilige, christliche Kirche. Sie bringen zum Ausdruck, dass sie die Einsicht aufnehmen und als lebensbegründend gültig anerkennen, dass Jesus Christus zu Gottes Wesen gehört, dass sich in der Geschichte Jesu Christi herausstellt, wer Gott ist, und dass der Heilige

Geist den Menschen zum Glauben an Christus und an Gott den Vater führt. Die altkirchlichen Glaubensbekenntnisse sind die gemeinsame Grundlage evangelischer, orthodoxer und römisch-katholischer Christentumstraditionen.

9. Welche Aspekte zeigen sich in der früh- und altkirchlichen Entwicklung, die bis heute Bestand haben?

Bereits in der Frühzeit der Kirche wurden die gemeinsam geteilten Glaubensüberzeugungen zu Jesus Christus, der Erlösung, dem Verhältnis von Vater, Sohn und Geist als den drei ›Seinsweisen‹ (im Vollsinn »Personen«) des einen Gottes zueinander u. a. festgehalten. Mit den darin enthaltenen Aussagen hatten die christlichen Gemeinschaften grundlegende Orientierungen für ihr Leben im Glauben gewonnen. Diese Niederschriften wurden für den Unterricht der Taufinteressenten (Katechumenen) und in der Gemeinde verwendet, im Gottesdienst gelesen oder in Auszügen auch als Bekenntnisse (bei der Taufe, im Gottesdienst) gesprochen.

Diese Texte schufen Klarheit darüber, auf welcher Glaubensgrundlage die Gemeinden ruhten. Beispiele dafür sind – neben den vorgestellten altkirchlichen Bekenntnissen, die für das Selbstverständnis der heutigen Kirchen eine herausgehobene Bedeutung haben –, die frühchristlichen Kirchenordnungen (z. B. die Didache, die Didaskalie oder die sog. Apostelkanones) oder in den Gemeinden der frühen Kirche tradierte Briefe und Schriften von Aposteln, Apostelschülern und »Kirchenvätern«. Gemeinsam ist diesen Texten, dass sie Aussagen über das Verständnis des Dreieinigen Gottes und des Evangeliums mit Aussagen über »die Kirche« und das Zusammenleben in der Gemeinde und in der Welt verbinden. Sie enthalten damit bereits alle Elemente, die sich auch in den Texten finden, auf die heute die evangelischen Kirchen ihre Identität gründen.

10. Entstehung und Bedeutung der Bekenntnisschriften der Reformationszeit

Die Bekenntnisse der Reformationszeit sind, im Vergleich mit den altkirchlichen Bekenntnissen, sehr umfangreiche Texte, die von vornherein weder als Bekenntnis in der Situation des Martyriums oder der Taufe noch als im Gottesdienst gesprochenes Bekenntnis geeignet waren oder sind – und dafür auch nicht gedacht waren.

Schon die Bekenntnisse der Alten Kirche hatten ihren ursprünglichen Sitz im gottesdienstlichen Leben überschritten und waren zum reichsrechtlich verbindlichen Identitätsmerkmal geworden. Kaiser Justinian stellte im 6. Jahrhundert n. Chr. das römische Recht zusammen und verpflichtete mit der Aufnahme eines kaiserlichen Edikts (»Cunctos populos« von 380) alle Bürger des Römischen Reiches auf das Bekenntnis zum Glauben an den Dreieinigen Gott in der Weise, wie es der damalige Papst und der Patriarch von Alexandrien vorgaben.

Diese reichsrechtliche Funktion des Bekenntnisses galt grundsätzlich bis zur Reformationszeit: Die Kaiser des Heiligen Römischen Reiches verstanden sich als Garanten des einen wahren Glaubens und der einen wahren Kirche. Das Format des Bekenntnisses gewinnt erst in der Reformationszeit wieder eine aktuelle, neue Bedeutung, nun in einer Mehrzahl von Funktionen: Mindestens zwei für die Bekenntnisbildung wesentliche Texte dienen der Abwehr von postumen Missdeutungen der Position führender Reformatoren (so das Bekenntnis Luthers von 1528 und die erste Gestalt der Confessio Helvetica Posterior von Heinrich Bullinger). Bekenntnisse dienen zudem der Ermöglichung (oder Begrenzung) politischer Bündnisse, die eine gemeinsame religiöse Grundlage voraussetzen (Schwabacher und Marburger Artikel; Wittenberger Artikel; Consensus Tigurinus; Confessio Augustana variata). Und sie dienen ferner dem Ausweis der eigenen Rechtgläubigkeit in der Rechtfertigung vorgenommener liturgischer und institutioneller Änderungen (die auf dem Augsburger Reichstag 1530 eingereichten Bekenntnisse: Confessio Augustana; Confessio Tetrapolitana; Fidei ratio).

Die Bekenntnisse gelten schließlich als Grundlage der rechtlichen Anerkennung der Kirchentümer, die sich auf diese verpflichten, als »zugelassene Religion« (»religio licita« im Augsburger Religionsfrieden 1555 und im Westfälischen Frieden 1648). Die Bekenntnisse können in jeweils neuen Situationen zuweilen mehrere dieser Funktionen übernehmen.

Die Bekenntnisbildung in den reformatorischen Kirchen beginnt nicht mit dem Augsburger Reichstag 1530. Dieser Reichstag, an dem die Repräsentanten der reichsunmittelbaren protestantischen Territorien sich vor dem Kaiser für die vorgenommenen Änderungen der kirchlichen Institutionen und Gepflogenheiten verantworten, ist jedoch ein Knotenpunkt, in dem das Bekenntnis eine besondere Funktion als Grundlage von evangelischen Landeskirchen erhält. Durch dieses Bekenntnis erheben sie den Anspruch, zur einen wahren Kirche Jesu Christi aller Zeiten zu gehören. Die Kirche ist gemäß der Verheißung Gottes immer und überall, und man erkennt sie daran, dass in ihr das Wort – das Evangelium von Christus – recht verkündigt und die Sakramente dem Evangelium gemäß verwaltet werden – so hält es Melanchthon in der Confessio Augustana, dem »Augsburgischen Bekenntnis« von 1530, fest (der für evangelisches Kirchenverständnis zentrale Artikel 7). Die Confessio Augustana stellt in ihren Lehrartikeln dar, was das Evangelium von Christus bedeutet, und was die dem Evangelium entsprechende »Verwaltung der Sakramente« ist. Die Kirche ist daran erkennbar, dass in ihr durch Wort und Sakrament das Evangelium vermittelt und so Glauben geweckt wird. Damit werden ein Begriff und ein Kriterium der Kirche etabliert, die kirchliche Ämter und Institutionen in ihrer Ausrichtung auf den Dienst am Evangelium und nur in dieser ihrer Entsprechung zum Evangelium bestimmen und würdigen.

Damit hat das Bekenntnis der reformatorischen Kirchen seinen Ort nicht mehr im gottesdienstlichen Vollzug, sondern wandert aus in die Kirchenordnungen und formuliert die Grundlage, an der die kirchlichen Vollzüge auszurichten sind.

Das Bekenntnis wird dementsprechend nicht von den Gläubigen gesprochen, sondern mit dem Bekenntnis verpflichten sich die Landesherren, in ihren Territorien auf eine dieser Grundlage entsprechende Verkündigung zu achten; sie verpflichten zugleich die Geistlichen in ihren Territorien, von dieser Grundlage geleitet die Schrift auszulegen und Verkündigung, Sakramentsverwaltung, Diakonie und Schulwesen danach auszurichten. Das Bekenntnis verpflichtet die Geistlichen in ihrer Berufstätigkeit und nicht unmittelbar die Gläubigen in ihrem individuellen Glauben. Dieser ist allerdings insoweit betroffen, als er durch die Verkündigung und die Sakramentsverwaltung und damit durch das Evangelium geweckt, gebildet und geprägt wird.

Dabei ist zu beachten, dass im lutherischen Zweig der Reformation bereits vor dem Beginn der Kirchenordnungstätigkeit 1526 die Befugnisse der Bischöfe (Berufung und Ordination der Geistlichen und die Kirchenaufsicht) den Gemeinden, also den Laien, zugesprochen werden, nachdem sich nahezu alle altgläubigen (römisch-katholischen) Bischöfe der Reformation verweigert hatten. Diese Übertragung der bischöflichen Befugnisse ist ein entscheidender Aspekt des »Priestertums aller Gläubigen«, das in Taufe und Glauben der Christinnen und Christen begründet ist. Hier dient den Gläubigen das Bekenntnis als Zusammenfassung des Evangeliums, an dem ihren Dienst auszurichten die Geistlichen verpflichtet sind. Die Wahrnehmung dieser Aufsichtspflicht durch besonders befähigte Gemeindeglieder (kirchengeschichtlich dann die Territorialfürsten und Räte) und von diesen beauftragte Geistliche und Juristen (Konsistorien) ist die Form der Wahrnehmung dieser Aufsichtsrechte und -pflichten durch die Gemeinde (und nicht deren Ersatz!). Es handelt sich um einen Vollzug in Stellvertretung. Denn die Gemeinde hat durch Taufe und Glauben das Recht und die Pflicht, die kirchlichen Vollzüge am Evangelium zu messen und zu prüfen.

In den lutherischen Kirchen hat sich ein Corpus von Bekenntnistexten herausgebildet, die alle den Anspruch erheben, den Sinn des grundlegenden Bekenntnisses – des Augsburgischen Bekenntnisses / der Confessio Augustana (CA, dazu vgl. auch Abschnitt 11) – herauszuarbeiten und in Situationen der Strittigkeit seines Sinnes diesen zu klären und festzuhalten: in der Auseinandersetzung mit den Vertretern der altgläubigen (römisch-katholischen) Kirche tun das die »Apologie der CA« und die »Schmalkaldischen Artikel« sowie der »Tractatus de potestate Papae« (Papst-Traktat); mit Bezug auf innerlutherische und innerprotestantische Auseinandersetzungen tun dies die Artikel der »Konkordienformel« (Formula Concordiae – FC), die insbesondere das Verständnis der Rechtfertigung, ihrer Voraussetzungen und Folgen (Art. 1–6), und das Verständnis des Sakraments des Abendmahls und seine christologischen Grundlagen (Art. 7–9) sowie die Unterscheidung des Wesentlichen und des »Nicht-Wesentlichen« (»Adiaphora«) in der Kirche (Art. 10) klären.

Die lutherischen Kirchen betrachten dabei die Artikel der Bekenntnisse als Formulierung des in der Reformationszeit von Gott selbst wieder heraufgeführten »Lichtes des Evangeliums von Christus« (so die FC), das die Einheit beider Testamente der Schrift vermittelt. Sie haben die Funktion einer Lesehilfe für die Heilige Schrift, formulieren eine hermeneutische (= Verstehens-)Perspektive, unter der die Schrift als Evangelium sich erschließt und auf Glauben – lebensbegründendes Vertrauen – abzielt. Dieser »Schlüssel zur Schrift« macht das Lesen der Schrift nicht überflüssig, sondern fordert genau dazu auf. Es liegt die Erwartung zugrunde, dass sich der Schlüssel dadurch ausweist, dass er »passt« und zu einem angemessenen – evangeliumsgemäßen – Verständnis der Schrift führt, das Glauben eröffnet.

In den *reformierten* Kirchen haben die Bekenntnisse eine etwas andere Funktion: Sie formulieren nicht das Evangelium als den einmal gefundenen »Schlüssel zur Schrift«, sondern setzen meistens mit einer Grundlegung der exklusiven Autorität der Schrift ein. Die dann folgenden Artikel formulieren das Ergebnis des Lesens der Schrift, das einer bestimmten Zeit und unter bestimmten Umständen aufgegangen ist. Daher sind die reformierten Bekenntnisse deutlicher durch eine konkrete Situation und den jeweiligen Kontext bestimmt und schon von daher grundsätzlich überholbar. Es besteht die Überzeugung, dass jede Zeit neu das Zentrum der Schrift erfassen muss und kann.

In allen reformatorischen Kirchentümern sind Katechismen (vgl. Kleiner und Großer Katechismus in den lutherischen Kirchen, Heidelberger Katechismus in den reformierten und unierten Kirchen) als Teil der grundlegenden Bekenntnisse in Geltung. Diese Katechismen sind meistens im Frage-Antwort-Schema aufgebaut und dienen dem kirchlichen Unterricht bzw. der häuslichen Unterrichtung von Familie und Gesinde durch die »Hausväter« (ihnen oblag im damaligen gesellschaftlichen Gefüge die Verantwortung; häuslicher Unterricht wurde durchaus auch von Frauen durchgeführt). Die Katechismen vermitteln die Elementaria des christlichen Glaubens und legen sie in ihrer Bedeutung für den persönlichen Glaubensvollzug aus. Damit zeichnen die Katechismen in den Sammlungen von Bekenntnistexten die Bewegung vor, auf die die Bekenntnisse abzielen: Glauben (lebensbegründendes Vertrauen) weckende Verkündigung in Gang zu setzen, dazu die Kraft und Bedeutung der Aussagen des Bekenntnisses zu vermitteln, die die Hauptanliegen der Schrift zur Sprache bringen, und so Leben und Selbstverständnis der Einzelnen wie der Gemeinschaft der Glaubenden zu gestalten.

11. Welche Schriften gehören zu den lutherischen Bekenntnisschriften?

Zehn Schriften bilden das »Konkordienbuch«, das 1580 als offizielle Zusammenstellung der maßgeblichen Bekenntnisschriften des Luthertums angenommen wurde. Diese Schriften wurden auf Deutsch und auf Latein veröffentlicht. Neben den drei zentralen altkirchlichen Bekenntnissen wurden Texte der Jahre 1529 bis 1578 aufgenommen, in denen sich in besonderer Weise die Grundsätze evangelischen Bekenntnisses als Auslegung des Evangeliums und der Bibel im Lichte des Evangeliums manifestieren. Dreh- und Angelpunkt ist die »Confessio Augustana«, das »Augsburgische Bekenntnis« von 1530. Eine »Vorrede« zeichnet den Weg vom Augsburger Reichstag 1530 bis zur Konkordienformel 1578 nach (s. u. in diesem Abschnitt), beschreibt das Bemühen um gesamtkirchliche Einigkeit und Frieden sowie das Scheitern dieses Bemühens und stellt den Bezug zu Martin Luthers Wiedergewinnung des Evangeliums als Zentrum des Glaubens und der Vollzüge der Kirche her. Die im »Konkordienbuch« enthaltenen Schriften sind:

1.) Das Apostolische Glaubensbekenntnis (erstes altkirchliches Bekenntnis): Als Zusammenfassung des wahren, von den Aposteln bezeugten Glaubens wurde im 4. Jh. dieser Text ursprünglich als Taufbekenntnis zusammengestellt. Dieses Bekenntnis wird heute in den evangelischen (und auch den römisch-katholischen) Gottesdiensten am häufigsten gebraucht.
2.) Das Nizäno-Konstantinopolitanische Bekenntnis: Der Name bezieht sich auf zwei Konzilien im 4. Jahrhundert in Nizäa (325) und Konstantinopel (381). Dort wurden grund-

legende Lehrentscheidungen über die göttliche Dreieinigkeit getroffen, die in die Bekenntnisformulierung eingeflossen sind. Dieses Bekenntnis wird an hohen Festtagen und in Gottesdiensten mit hoher Beteiligung orthodoxer Christinnen und Christen im Gottesdienst verwendet.

3.) Das Athanasianum: Im 6. und 7. Jh. aus Zitaten von Kirchenvätern zusammengestellt, wurde dieses Bekenntnis früher dem Kirchenvater Athanasius von Alexandria (gest. 373) zugeschrieben. Es enthält wichtige Bestimmungen über die göttliche Dreieinigkeit von Vater, Sohn und Heiligem Geist und über Christus als wahren Gott und wahren Menschen. (Zu den drei altkirchlichen Bekenntnissen s. ausführlicher unter Abschnitt 8)

4.) Die *»Augsburgische Konfession/Confessio Augustana«*, abgekürzt »CA«: Philipp Melanchthon verfasste dieses Bekenntnis in 28 Artikeln (und nutzte ältere Vorlagen, an denen auch Martin Luther beteiligt war). Die Protestanten übergaben es auf dem Augsburger Reichstag 1530 dem Kaiser, um ihn von ihrer Rechtgläubigkeit zu überzeugen. Der erste Teil aus 21 Artikeln hat sein Zentrum in Artikel 7: Dort, wo das Evangelium rein gepredigt und die Sakramente evangeliumsgemäß ausgeteilt werden, ist Kirche; die Kirche als Gemeinschaft der Glaubenden ist an diesen den Glauben wirkenden Medien des Evangeliums erkennbar: Wort und Sakrament. In den Artikeln 1–6 wird eine Auslegung des Wortes des Evangeliums geboten; in Art. 8–13 eine Auslegung des evangeliumsgemäßen Verständnisses, der Darreichung und des Gebrauchs der Sakramente; die Art. 14–21 sind Auseinandersetzungen mit konkreten Anschuldigungen päpstlicher Theologen. Enthalten sind in diesem ersten Teil das Gottes-, Sünden-, Heils- und Kirchen- sowie Sakramentsverständnis bis hin zum christlichen Leben. Der zweite Teil, Art. 22–28, benennt Streitpunkte mit Rom. Entscheidende Grundlagen lutherischer Theologie sind in der CA festgehalten. Die Artikel werden meistens mit römischen Ziffern (CA I, II, ... XXVIII) gekennzeichnet (hier zur Lesbarkeit 1–28).

1540 hat Melanchthon eine veränderte Fassung der CA vorgelegt (*CA variata*), die von manchen reformierten Kirchen (und der unierten pfälzischen Landeskirche) angenommen wurde. In dieser Fassung ist das Abendmahlsverständnis anders akzentuiert als in Art. 10 der ursprünglichen Fassung der CA. Das Luthertum hat sich mit der Konkordienformel auf die »ungeänderte Augsburgische Konfession« (*CA invariata*) als Bekenntnisgrundlage festgelegt.

5.) Die »*Apologie der Confession*«, abgekürzt »AC«: Apologie heißt Verteidigung. Eine ausführliche Verteidigung der CA war nötig geworden, weil die römischen Vertreter und der Kaiser die CA – aus ihrer Sicht: natürlich – nicht akzeptiert und ein Gegendokument (die »Confutatio«) veröffentlicht hatten. Die ebenfalls von Melanchthon verfasste AC ist genauso aufgebaut wie die CA und legt deren Inhalt ausführlicher dar. Die AC ist auch 1530 erschienen.

6.) Die *Schmalkaldischen Artikel/Articuli Smalcaldici* Martin Luthers, abgekürzt »AS«: Zu 22 Themen nimmt Luther in den AS Stellung; viele Themenbereiche ähneln der CA. Die AS sollten einem doppelten Zweck dienen: a) Der Papst hatte ein – letztlich nicht zustandegekommenes – Konzil nach Mantua einberufen, für das Luthers Landesherr eine theologische Grundlegung anforderte, falls die Protestanten teilnehmen dürften. b) Luther war inzwischen häufig schwer krank, und sein Landesherr wollte ein theologisches Testament Luthers als Lehrzusammenfassung für spätere Klärungen haben. Auf einer Versammlung des Schmalkaldischen Bundes, eines Verteidigungsbündnisses der evangelischen Territorien und Städte, wurden die AS in umgearbeiteter Form 1537 beraten.

7.) Der Papsttraktat / »*de potestate et primatu papae tractatus*«, abgekürzt »PPPT« / De Potestate: Er wurde von Philipp Melanchthon als Ergänzung zur CA erarbeitet und auf demselben »Bundes-Tag« wie die AS beschlossen. Der PPPT widerspricht damaligen Ansprüchen des Papsttums, u. a. den Primat (Vorrangstellung und Lehrautorität) in der Christenheit zu haben und heilsnotwendig zu sein.

8.) Der *Kleine Katechismus* Martin Luthers: 1529 erarbeitete Luther nach erschreckenden Erfahrungen zum Kenntnisstand der Gläubigen in Sachen christlicher Glaube bei Visitationen beide Katechismen (Kleiner und Großer Katechismus). Im Kleinen Katechismus werden drei »Hauptstücke« (10 Gebote, Vaterunser, Glaubensbekenntnis), die beiden Sakramente (Taufe und Abendmahl) und verschiedene weitere Aspekte des kirchlichen Lebens (z. B. die Trauung) in verständlicher Sprache auf ihren existentiellen, lebensorientierenden Gehalt für den einzelnen Glaubenden (*Ich* glaube, dass Gott mich geschaffen hat ...) hin ausgelegt. Dies geschieht – in beiden Katechismen – weitgehend in Frage-Antwort-Form. Sie zeigen so, dass und wie alle Aussagen der Bekenntnisse auf die existenzbestimmende Aneignung im Glauben abzielen. Die Aufnahme der Katechismen in die Bekenntnisschriften macht deutlich, dass neben der lehrmäßigen theologischen Klärung der evangeliumsgemäßen Vollzüge der Kirche nach innen wie nach außen besonders auch der ›alltägliche‹ persönliche Glaubensvollzug des Einzelnen ein Grundanliegen des lutherischen Bekenntnisses bildet.

9.) Der *Große Katechismus* Martin Luthers: Er ist inhaltlich wie der Kleine Katechismus aufgebaut und an »Multiplikatoren«, z. B. Haushaltsvorstände oder in Schulen Lehrende gerichtet. Die Anordnung der Hauptstücke bezeichnet eine theologische Bewegung: Von den göttlichen Geboten (10 Gebote) aus erwächst die Erkenntnis, dass sie zum Leben gegeben sind, man sie jedoch nicht erfüllen kann; es folgt die Wendung hin zum Dreieinigen Gott, der den Menschen erlöst (Glaubensbekenntnis), und zum Gebet (Vaterunser), in dem die Erfüllung der Gebote und die im Glaubensbekenntnis beschriebenen Gaben ins Beten gefasst werden.

10.) Die *Konkordienformel/Formula Concordiae*, abgekürzt »FC«: Sie sollte Streitigkeiten zwischen innerlutherischen Richtungen befrieden. Sie ist in dem Sinne ein ›Konsenspapier‹, als solche Lehren, die mit den zentralen Grundaussagen der CA in Einklang zu bringen sind, als lehrmäßige Ausdifferenzierungen eingeräumt werden; solche Lehren indes, die den zentralen Grundaussagen der CA widersprechen, werden abgelehnt. Durch die Aussagen der FC zum Abendmahl wurde die Abgrenzung zur evangelischen Richtung, die von Huldrych Zwingli und Johannes Calvin geprägt war und aus der die reformierten Kirchen hervorgingen, verschärft. Die FC besteht aus zwei Teilen: die längere erläuternde »Solida Declaratio« und die kürzere thesenhafte »Epitome«. Sie behandelt zwölf Themen. Diese Themen kommen kürzer gefasst auch in der CA vor, waren aber innerevangelisch strittig geworden und bedurften der weiteren Klärung. Die FC wurde 1573–1577 von mehreren Theologen erarbeitet. (Vgl. auch Abschnitt 10.)

Nicht alle lutherischen Städte und Gebiete haben das Konkordienbuch 1580 in gleicher Weise übernommen, und auch heute gehören nicht in allen lutherischen Kirchen sämtliche Schriften des Konkordienbuches gleichermaßen zur Bekenntnisgrundlage. Seine Wirkung war jedoch groß und führte zu einer erheblichen Geschlossenheit zwischen den lutherischen Gebieten; die zehn im Konkordienbuch enthaltenen Schriften sind gemeint, wenn von »den« lutherischen Bekenntnisschriften die Rede ist.

Zitiert werden »Die Bekenntnisschriften der Evangelisch-Lutherischen Kirche« (BSELK) nach der Ausgabe Göttingen 2014. Sehr verbreitet ist auch die häufig nachgedruckte Vorläufer-Ausgabe, abgekürzt »BSLK«, Göttingen 1930. Beide Ausgaben behalten die historische Sprachform bei. Die VELKD-Veröffentlichung »Unser Glaube« bietet die Bekenntnisschriften in leicht aktualisierter Sprache als Ausgabe für die Gemeinde.

12. Die rechtliche Bedeutung der Bekenntnisschriften der Reformationszeit für die Entstehung evangelischer Kirchen

Die unter 11. aufgeführten Bekenntnistexte wurden zur Grundlage der neu entstehenden evangelischen Kirchen. Dies galt besonders für die auf dem Augsburger Reichstag von 1530 präsentierte Confessio Augustana. Sie nimmt in der Rechtsgeschichte der evangelischen Kirchen eine Sonderrolle ein:

Wie die übrigen dort verlesenen Bekenntnisse evangelischer Reichsstände diente sie der Rechtfertigung, dass die in den jeweiligen eigenen Territorien umgesetzten bzw. stattfindenden Kirchenreformen dem wahren Glauben entsprachen (s. Abschnitt 10). Das spätere Reichsrecht definierte auf dieser Grundlage, welches Kirchenwesen im Reich Bestand haben durfte oder auf der Grundlage der überlieferten Verpflichtung des Reichsrechts zur Durchsetzung des wahren Glaubens bekämpft werden musste. Im Augsburger Religionsfrieden (1555) verpflichteten sich die Stände des Reiches, wechselseitig zu tolerieren, dass sie sich entweder zur sog. Augsburgischen Konfessions-Religion oder umgekehrt zur »alten Religion« (der römisch-katholischen) hielten. Alle anderen Bekenntnisse waren zunächst ausgeschlossen.

Das Reichsrecht kannte nun also neben der »alten Kirche« eine zweite rechtlich zugelassene »Religion« (heutiger Begriff: Konfession). Diese Linie setzte sich mit dem Westfälischen Frieden (1648) fort, der die offene Frage klärte, ob auch die »Reformierten« den Schutz des Reichsrechts genossen. Er bezog sie ausdrücklich in diesen Schutz ein (Art. VII, 1 Instrumentum Pacis Osnabrugensis). Damit ließ das Reichsrecht nun im Ergebnis (unter Zugrundelegung von deren damaligem Selbstverständnis) drei »Religionen« (Konfessionen) und diesen zugeordnete Kirchenwesen zu; alle übrigen schloss es weiterhin ausdrücklich aus.

Wenn das Reichsrecht die evangelischen »Kirchentümer« in den Territorien von außen über ihr »Bekenntnis«, d. h. über die ihnen zugrundeliegenden, in den Bekenntnisschriften festgehaltenen Glaubens-, Zeremonial- und Ordnungsvorstellungen definierte, so antwortete es damit letztlich auf deren Selbstverständnis: Denn auch sie selbst definierten sich durch den Bezug auf die Bekenntnisschriften der Reformationszeit. Evangelische Kirchen bestimmen sich durch den gemeinsamen, als wahr erkannten Glauben, der durch die »reine Verkündung des Evangeliums und die stiftungsgemäße Verwaltung der Sakramente« (CA Art. 7) geweckt wird und Kirche als Gemeinschaft der Glaubenden begründet. Entsprechend waren auch für den Landesherren, der in den neu entstehenden »evangelischen Landeskirchen« das »landesherrliche Kirchenregiment« ausübte, die in den Bekenntnisschriften festgehaltenen Glaubensüberzeugungen etwas, über das er nicht verfügen durfte. Selbst die späteren Vordenker eines absolutistischen Staatsverständnisses, die den Souverän als Herren über alle Fragen und Verhältnisse im Gemeinwesen ansahen, erkannten diese Grenze seiner Entscheidungsbefugnisse an.

Insgesamt hat damit die Zusammenfassung der grundlegenden Glaubensaussagen in anerkannten Texten wesentlich dazu beigetragen, die evangelische Kirche als »Sozialgestalt in der Welt« überhaupt fassbar zu machen und im Wechselbad der Geschichte ihre Identität zu sichern.

13. Haben die kirchenhistorischen Texte überhaupt noch eine Relevanz für den Glauben?

Gezeigt wurde bereits, dass die Bekenntnistexte auf für Menschen existentielle Situationen oder historisch entscheidende Herausforderungen zurückgehen: die liturgischen Zusammenhänge im Alten und Neuen Testament, Taufzusammenhänge oder grundlegende theologische Richtungsentscheidungen bei den altkirchlichen Bekenntnissen, der persönliche Glaube sowie die Rettung der reformatorischen Einsichten vom Evangelium und seiner Bedeutung für alle Vollzüge der Kirche in den Bekenntnissen der Reformationszeit mit weitreichenden auch rechtlichen Folgen. Es steckt also eine Menge persönlicher Glaubenserfahrung und grundlegender theologischer Argumentation in den Texten, was ihren identitätsstiftenden Charakter sowohl für den Einzelnen als auch für die Gemeinschaft der Kirche prägt.

Schon von der Bibel und ihrer Bedeutung für das Glaubensleben her ist deutlich, dass nicht jeder ›alte‹ Text nur, weil er einer anderen Zeit entstammt, seine Bedeutung für den Glauben in künftigen Zeiten verliert. Oftmals sind es gerade diese Texte selbst und häufiger noch die aus ihnen erhobenen zentralen Aussagen, die einer Gruppe oder Kirche ihre »Identität« geben, die einzelnen Glaubenden miteinander verbinden und zu einer Gemeinschaft im Glauben werden lassen.

Gerade die Bekenntnistexte der Reformationszeit halten grundlegende Einsichten in die Bedeutung des Evangeliums fest, führen auf eine Auslegung der Schrift im Lichte des Evangeliums hin und geben so auch heute eine Orientierung für das Verständnis der Schrift und die Vollzüge der Kirche. Unaufgebbare theologische Gehalte und ihre Zusammenhänge (z. B. »Rechtfertigung«) werden in den Bekenntnistexten lehrmäßig erläutert. Durch den historischen Abstand müssen die reformatorischen Bekenntnisschriften auf ihren Anspruch und ihren Sinngehalt hin selbst wieder ausgelegt werden. Die angemessene Hermeneutik (Auslegungskunst) für diese Texte ist ein Auftrag, den jede Generation neu erfüllen muss. Dabei enthalten die Bekenntnisschriften verdichtete und bewährte Aussagen, die als Einsichten in das Verständnis des Evangeliums für Lehre und Leben der Kirche aus lutherischer Sicht dauerhaft unverzichtbar sind.

14. Bekenntnistexte in den einzelnen evangelischen Konfessionen

Die Bezugnahme auf Bekenntnisgrundlagen erfolgt in den Verfassungen der jeweiligen Landeskirchen in den Grundartikeln bzw. Präambeln, die die Grundlagen der Identität der Kirchen als Kirche Jesu Christi zum Ausdruck bringen. Die dort umschriebenen Bekenntnisgrundlagen stehen nicht zur Disposition des kirchlichen Gesetzgebers, sondern können nur im magnus consensus (etwa: umfassende Einmütigkeit) innerhalb der Kirche weiterentwickelt oder geändert werden.

Bekenntnistexte sind für *lutherische* Kirchen die im Konkordienbuch von 1580 enthaltene Sammlung; beginnend mit den altkirchlichen Glaubensbekenntnissen (Nizäno-Konstantinopolitanum; Apostolikum; [Ps.-]Athanasianum), dann die Confessio Augustana (CA) von 1530 und mehrere mit ihr verbundene Dokumente: Apologie, Schmalkaldische Artikel, Melanchthons Tractatus de potestate Papae, über den Kleinen und Großen Katechismus bis zur Konkordienformel von 1577. Die CA und der Kleine Katechismus nehmen eine Vorrangstellung ein. Nicht alle lutherischen Kirchen haben alle Texte des Konkordienbuches übernommen; daher leiten sich bis heute Unterschiede z. B. zwischen VELKD-Kirchen und der Evangelisch-lutherischen Kirche in Württemberg oder der Evangelisch-Lutherischen Kirche in Oldenburg oder von Bekenntnisgebieten innerhalb einzelner Landeskirchen ab. (Ausführlich s. Abschnitte 10-13)

In vielen *reformierten* Kirchen stehen der Heidelberger Katechismus von 1563 und vielfach die Beschlüsse der einzigen Synode, die Delegierte aus fast allen reformierten Territorien versammelte, der Dordrechter Synode von 1619, in Geltung. An der Tatsache, dass im reformierten Bereich zahlreiche regionale Bekenntnisse eine Rolle spielen (Confessio Helvetica prior, Confessio gallicana/scotica/belgica etc.), erkennt man den gegenüber den lutherischen Kirchen anderen Stellenwert von Bekenntnistexten. In ihnen drückt sich die dort vertretene Überzeugung aus, dass in konkreten Situationen und Kontexten neue Bekenntnisse entstehen können. Es ist auch im Verständnis lutherischer Kirchen nicht prinzipiell ausgeschlossen, dass es zu neuen »Bekenntnissen« der Kirche bzw. zu lehrmäßigen Texten, die orientierende Bedeutung für die Vollzüge der Kirche haben (vgl. Nr. 17, 18, 19), kommen kann (»ecclesia semper reformanda« – Kirche ist stets zu erneuern). Lutherischerseits wird jedoch keinem Text ein ähnlich hoher Stellenwert zugebilligt wie den Bekenntnisschriften des 16. Jahrhunderts, und mögliche neue »Bekenntnisse« sind auf der Grundlage der reformatorischen Bekenntnisschriften zu vollziehen und an diesen zu bewähren. Dies hängt mit dem Anspruch der lutherischen Bekenntnisschriften zusammen, das Evangelium als Mitte der Schrift für Lehre und Leben der Kirche zur Geltung zu bringen.

In den *unierten* Kirchen gibt es zwei Grundmodelle, den Bezug auf verbindliche Grundlagen zu formulieren. Die so genannten *bekenntnisunierten* Kirchen wie die Evangelische Kirche der Pfalz und die Evangelische Kirche in Baden verweisen in ihren Grundordnungen auf ihre Gründungsurkunden, die sich ihrerseits in ›unierender‹ Weise auf die altkirchlichen und reformatorischen Bekenntnistexte beziehen. Die – sehr verkürzt so genannten – *verwaltungsunierten* Kirchen wie die Tochterkirchen der früheren Preußischen Landeskirche (der Altpreußischen Union) formulieren in ihren Ordnungen einen differenzierten Bezug zu den konfessionellen Bekenntnissen: Ihre Kirchengemeinden haben jeweils einen festgeschriebenen lutherischen, reformierten oder unierten Bekenntnisstand, und ihre Pfarrerinnen und Pfarrer werden bei der Ordination entweder auf die lutherischen Bekenntnisschriften oder auf den Heidelberger Katechismus oder auf das ihnen Gemeinsame verpflichtet.

Hinzuweisen ist darauf, dass es auch in *freikirchlichen* Zusammenhängen bekenntnisähnliche Texte gibt, z. T. sogar eine starke Bekenntnisbindung besteht oder Landeskirchen ein Abweichen von bindenden historischen Texten vorgeworfen wird.

15. Gemeinsamkeiten und graduelle Unterschiede im Bekenntnisverständnis der evangelischen Bekenntnistraditionen

Im Verständnis des Bekenntnisses zeigt sich zwischen den lutherischen und reformierten Kirchen zunächst ein Unterschied. Während es in den reformierten Kirchen weltweit bis zur Gegenwart immer wieder zur Formulierung neuer, in ihrem Geltungsanspruch regional begrenzter Bekenntnisse gekommen ist, betrachten die lutherischen Kirchen die Bekenntnisbildung mit der Zusammenstellung des Konkordienbuches als abgeschlossen. Dem entspricht eine unterschiedliche Zuordnung von »Schrift und Bekenntnis«: Während die überwiegende Zahl der reformierten Bekenntnisse in einem der ersten Artikel oder Kapitel Bezug nimmt auf die Schrift und deren Dignität begründet und sodann die einzelnen kanonischen Bücher aufzählt, wird in den lutherischen Bekenntnissen die Schrift *im Vollzug ihres Gebrauchs* als Autorität in Anspruch genommen, in diesem Sinne zugrunde gelegt und entsprechend zitiert; eine Begründung der Schriftautorität oder eine Definition des Kanons findet sich in den lutherischen Bekenntnissen nur in einem Artikel: dem nicht in die Zählung aufgenommenen Artikel »Vom summarischen Begriff ›Kanon und Richtschnur‹« in beiden Versionen der Konkordienformel. Dort werden die Bekenntnisse als Zusammenfassung des Evangeliums und damit des Zentrums der Schrift, das durch Luther wiederentdeckt worden ist, bezeichnet. Dies ist ein Hinweis auf die oben (unter 14.) markierte Differenz: Die lutherischen Kirchen betrachten die Bekenntnisschriften bis 1580 als die Zusammenfassung und Klärung der Einsicht in das Evangelium als Mitte der Schrift, die Luther und den anderen Reformatoren aufgegangen ist; die Bekenntnisse markieren eine Perspektive, unter der die Schrift in der Einheit von Altem und Neuem Testament als Evangelium zu reden beginnt und die in Lehre und Leben der Kirche zur Geltung gebracht werden soll.

Die Bekenntnisse aus der reformierten Tradition formulieren im Anschluss an die Ausführungen zur Autorität der Schrift das, was den jeweiligen Kirchen zu jeweils ihrer Zeit im Lesen der Schrift aufgegangen ist. Auch diese Bekenntnisse sind Zusammenfassungen des Wesentlichen der Schrift, aber eben: das Ergebnis der jeweils aktuellen Schriftlektüre, das jeweils durch spätere Ergebnisse zu überprüfen ist. Sodann gehen die reformierten Bekenntnisse davon aus, dass der Weg von der Schrift zur Formulierung des in ihr Wesentlichen in jeder Generation neu zu gehen ist und dass neue situative Bekenntnisse der Partikularkirchen entstehen (und auch wieder aufgehoben werden) können. Dabei besteht die Erwartung, dass eine unzweideutige Einsicht in das Wesentliche der Schrift möglich ist.

Lutherisch geprägte Bekenntnisse verstehen sich also stärker als grundsätzlich und ›überzeitlich‹, während reformiert geprägte Bekenntnisse besonders ihrer Zeit und einer bestimmten Kirche Aussagen über den Kernbestand des Glaubens angesichts konkreter Herausforderungen an die Hand geben wollen. Ein Bekenntnis von überregionaler Bedeutung, wie das für die Confessio Augustana im Lutherischen Weltbund gilt, gibt es in vergleichbarer Weise im Reformiertentum nicht.

Trotz dieser Unterschiede gibt es grundlegende Gemeinsamkeiten im Verständnis von Bedeutung und Funktion des Bekenntnisses; beide Perspektiven schließen einander jedoch nicht aus: In allen evangelischen Kirchen werden die Bekenntnistexte als Schlüssel zur Schrift gesehen; dieser Schlüssel wird künftigen Generationen bereitgestellt, um das Zentrum der Schrift zu identifizieren und die Schrift auszulegen. In diesem Sinne haben die Bekenntnistexte eine Autorität und sind selbst »Norm«. Ihre normierende Funktion ist jedoch der der Schrift nachgeordnet; das versucht die Formel von der Schrift als »norma normans« und der Sammlung von Bekenntnistexten als »norma normata« zu fassen (s. Abschnitt 21, auch zu den Begriffen). Und in allen evangelischen Kirchen herrscht das Bewusstsein, dass das Verhältnis von »Schrift und Bekenntnis« neu auszutarieren sein kann, wenn es die Erschließung »der« Schrift durch »das« Bekenntnis erfordert.

16. Kann es nachreformatorisch neue Bekenntnisse geben?

Für die reformierte Tradition ist dies schlicht zu bejahen; in gewisser Weise muss es solche Bekenntnisse geben, weil der Weg von der Schrift zur Formulierung des ihr Wesentlichen immer wieder neu gegangen werden muss. In den reformierten und unierten Kirchen in Deutschland wird die Barmer Theologische Erklärung von 1934 als ein solches Bekenntnis angesehen.

In der lutherischen Tradition ist in den Dogmatiken des 17. Jahrhunderts ausgesprochen worden, dass die Bekenntnisse des 16. Jahrhunderts die Schrift hinreichend erschließen.

Zu keiner Zeit jedoch wurde die Unfehlbarkeit (»Infallibilität«) oder Unüberholbarkeit dieser Bekenntnisse behauptet; dazu geben auch die Bekenntnisse selbst keinen Anlass. Allerdings betrachten die lutherischen Kirchen die Einsicht in das Evangelium vom gebenden Gott und empfangenden Menschen als das Zentrum der Bekenntnisse und der Schrift, das in diesen Texten aufbewahrt ist, so dass jede Generation sich daran messen lassen muss, ob sie dieser Einsicht noch gerecht wird. Es ist das Evangelium, das die Bekenntnisse vermitteln und das ihnen Autorität verleiht. Zugleich ist es die Mitte, von der her auch sie in ihrem normativen Anspruch wahrgenommen und begrenzt werden.

17. Bedeutung und Inhalt der Barmer Theologischen Erklärung

Die Barmer Theologische Erklärung (BTE) wurde am 31.5.1934 auf der Bekenntnissynode der Deutschen Evangelischen Kirche (DEK) in Barmen von Vertretern lutherischer, reformierter und unierter Kirchen, freier Synoden, Kirchentage und Gemeindekreise verabschiedet. Unter Berufung auf Art. 1 der Verfassung der DEK von 1933 verteidigt sie die Kirche gegen die Gleichschaltungspolitik der Nationalsozialisten: »Die unantastbare Grundlage der Deutschen Evangelischen Kirche ist das Evangelium von Jesus Christus, wie es uns in der Heiligen Schrift bezeugt und in den Bekenntnissen der Reformation neu ans Licht getreten ist«; sie verwirft die »falsche Lehre« nationalsozialistischer Ideologie. Dies geschieht in insgesamt sechs Thesen. Sie sind jeweils so aufgebaut, dass ein Wort aus dem Neuen Testament vorangestellt, daraus die positive

Aussage für das Verständnis der Kirche getroffen und damit die Verwerfung der Irrlehre verknüpft wird. Die Verwerfungssätze zielen auf die falsche Lehre als Häresie, die das Kirchesein der Kirche aufhebt.

Die BTE ist der historischen Situation der Kirche im Dritten Reich entsprungen. In der Orientierung der Kirche an ihrem Herrn Jesus Christus als dem einen Wort Gottes, »dem wir im Leben und im Sterben zu vertrauen und zu gehorchen haben« (These 1), und der Abwehr von übergriffigen Ideologien mit totalitären Zügen liegt ihre zentrale und bleibende Bedeutung. Die Bejahung der BTE hat Eingang gefunden in die Verfassungen der unierten und reformierten Kirchen sowie in die Grundordnung der EKD. Die VELKD bejaht in ihrer Verfassung die Verwerfungssätze der BTE in der Auslegung durch das lutherische Bekenntnis, einzelne lutherische Landeskirchen (Nordkirche, Evangelische Kirche in Mitteldeutschland [EKM], Hannover, Bayern) haben die umfassende Bejahung der BTE – sowohl der Thesen als auch der Verwerfungen – in ihre Verfassung aufgenommen. Die BTE ist in den Verfassungen der lutherischen Kirchen den altkirchlichen und reformatorischen Bekenntnissen in der Regel nach- und untergeordnet.

18. Bedeutung der Leuenberger Konkordie

Die Leuenberger Konkordie wurde am 16.3.1973 verabschiedet. Die sie unterzeichnenden Kirchen verschiedenen Bekenntnisstandes erkennen die in der Konkordie formulierte Einigkeit in der reinen Lehre des Evangeliums und der dem Evangelium gemäßen Verwaltung der Sakramente als Grundlage der Erklärung von Kirchengemeinschaft an. Abendmahls- und

Kanzelgemeinschaft sind mit dieser Anerkennung verbunden. Die Leuenberger Konkordie hebt die Jahrhunderte währende Trennung im Abendmahl unter den Unterzeichnerkirchen auf. Darin liegt ihre zentrale Bedeutung für die innerevangelische Ökumene. Die Zahl der Unterzeichnerkirchen in der »Gemeinschaft evangelischer Kirchen in Europa« (GEKE, vormals »Leuenberger Kirchengemeinschaft«) ist seit 1973 gewachsen (Stand 2025: 96 Kirchen).

Die Leuenberger Konkordie ermöglicht eine »Einheit in versöhnter Verschiedenheit«, in der die konfessionellen Unterschiede der Kirchen nicht aufgehoben, sondern geachtet werden. Ausdrücklich will die Leuenberger Konkordie nicht selbst ein Bekenntnis sein (§37, vgl. §19 und §20), sondern die Übereinstimmung im Verständnis des Evangeliums erklären und Kirchen verschiedenen Bekenntnisses zu einer Gemeinschaft zusammenführen. Die konfessionsverschiedenen Kirchen dieser Gemeinschaft erkennen einander wechselseitig als wahre Gestalt der Kirche Jesu Christi an. In dieser Bedeutung für die praktizierte Kirchengemeinschaft von Kirchen verschiedenen Bekenntnisstandes wird die Leuenberger Konkordie in der Verfassung der EKD und den Verfassungen der Gliedkirchen der EKD genannt, indem erklärt wird, dass zwischen den Gliedkirchen Kirchengemeinschaft im Sinne der Leuenberger Konkordie besteht.

19. Stellung der Barmer Theologischen Erklärung und der Leuenberger Konkordie in den Verfassungen der Kirchen

Die Barmer Theologische Erklärung hält fest, dass die Unterzeichnerkirchen ihren »verschiedenen Bekenntnissen treu sein und bleiben wollen«, achtet also den jeweiligen Bekenntnisstand. Auch die Leuenberger Konkordie betont, dass sie »die verpflichtende Geltung der Bekenntnisse in den beteiligten Kirchen bestehen« lässt, und es wird ausdrücklich bekräftigt, dass sie »sich nicht als ein neues Bekenntnis« versteht.

Dennoch spielen beide Texte in verschiedenen Kirchenverfassungen eine Rolle: Für die lutherischen Kirchen ist die Barmer Theologische Erklärung (BTE) nicht im eigentlichen Sinne ein kirchliches Bekenntnis, weil sie dies für die reformatorischen Bekenntnisse in Anspruch nehmen. Dies schließt nicht aus, dass sie der BTE vor dem Hintergrund der reformatorischen Bekenntnisse eine kirchenordnende Bedeutung zugestehen (näher Abschnitt 17). In den reformierten und unierten Kirchen wird die BTE dezidiert als Bekenntnis verstanden, worin sich ein anders akzentuiertes Verständnis von Bekenntnis ausdrückt (s. Abschnitt 15, auch Abschnitt 10). Die Leuenberger Konkordie will ausdrücklich kein neues Bekenntnis sein. Ihr kommt kirchenordnende Bedeutung zu für die Erklärung und Praktizierung von Kirchengemeinschaft (Abendmahlsgemeinschaft und Anerkennung der ordinationsgebundenen Ämter) unter den Signatarkirchen, zu denen alle Gliedkirchen der EKD gehören.

20. Wie verhält sich das »Bekenntnis« der Kirche zu den einzelnen Bekenntnisschriften?

In den Rechtsordnungen der evangelisch-lutherischen Kirchen wird der Begriff des »Bekenntnisses« oder die Verpflichtung auf »Schrift und Bekenntnis« (dazu genauer im nächsten Abschnitt 21) in verschiedenen Zusammenhängen verwendet, z. B. in den Grundartikeln oder Präambeln der Kirchenverfassungen oder mit der Bindung allen kirchlichen Rechts »an die Heilige Schrift und das Bekenntnis der evangelisch-lutherischen Kirche« (s. Art. 6 Abs. 1 Kirchenverfassung Hannover). Nicht immer und nicht zwangsläufig ist die Bezugnahme auf das evangelische oder evangelisch-lutherische »Bekenntnis« gleichzusetzen mit der Summe der Formulierungen bestimmter, abschließend genannter Bekenntnisschriften. Die Evangelisch-Lutherische Kirche in Norddeutschland bezeichnet sich beispielsweise als Kirche »lutherischen Bekenntnisses«; in der folgenden Auflistung der in ihr geltenden Bekenntnisschriften wird deutlich, dass dies in der Nordkirche nicht überall exakt dieselben sind, weil sich Gebiete mit unterschiedlicher Bekenntnistradition zur Nordkirche zusammengeschlossen haben.

Wie verhalten sich also »Bekenntnisschriften« und »Bekenntnis« zueinander? Grundlegend bleibt das Bekenntnis zum Evangelium Jesu Christi, wie es in »Schrift und Bekenntnis« zum Ausdruck gebracht ist. Die Bekenntnisse halten die Entdeckung fest, die im Zentrum der Reformation steht: die Entdeckung, dass die Mitte der Schrift das »Evangelium von Jesus Christus« ist, das Lebensvertrauen ermöglicht. Die Verpflichtung der Kirche ist es, dies Evangelium von Jesus Christus in Wort und Sakrament so zu vermitteln, dass Glaube und damit die Gemeinschaft der Glaubenden (Kirche) entsteht (CA 7). In der CA wird in den Art. 1–6 dieses Wort und in den Art. 8–13 das diesem Evangelium entsprechende Verständnis der Sakramente dargestellt.

Alle anderen Bekenntnisse wollen und sollen nach dem Konkordienbuch nichts anderes sein als Klärungen dieses Zentrums der Schrift und des Zentrums der Kirche: die bedingungslose Zusage der Liebe Gottes (allein Christus, allein durch Gnade), die auf Seiten des Menschen allein im Glauben angenommen wird und an keine Leistung des Menschen gebunden ist (Rechtfertigungslehre).

Zur Kirche gehört allerdings mehr als dieses Wort und das Sakrament, und die Bekenntnisse sagen mehr als dies; sie ziehen nämlich daraus Schlussfolgerungen – beispielsweise über das kirchliche Amt oder über das Verhältnis der Kirche zur Obrigkeit. Zur Kirche gehört auch eine rechtliche Ordnung, die ebenfalls in den Grundzügen in den Bekenntnissen bestimmt wird. Alle diese Bestimmungen dienen der Aufgabe, das Evangelium so zu verkündigen, dass Glaube – Kirche als Gemeinschaft der Glaubenden – entstehen kann. Alle Ordnungen der Kirche sind notwendig, weil es dieses Zentrum gibt, und mit diesem Zentrum sind sie als Folge mitgesetzt. Sie sind verpflichtend, weil und soweit sie diesem Zentrum entsprechen.

Das Bekenntnis der Kirche ist *eines*: das Bekenntnis zu Jesus Christus als dem alleinigen Heil der Welt. Die Pluralität der Bekenntnisse und die Vielzahl ihrer Aussagen ergeben sich aus diesem einen Bekenntnis, halten es fest und haben darin den Grund und die Grenze ihrer Gültigkeit.

21. Was besagt die Formel »Schrift und Bekenntnis«/»Bibel und Bekenntnis«?

Bekenntnistexte fassen biblische Aussagen zusammen und legen sie aus. Der Ausdruck »Bibel« ist die literarische Bezeichnung für das Buch der Bücher. Wird die Bibel »Heilige Schrift« genannt, so handelt es sich um einen theologischen Begriff, der auf ihren Gebrauch als maßgebliche göttliche Autorität in der Kirche hinweist. »Bibel / (Heilige) Schrift« und »Bekenntnis« stehen in einer Wechselbeziehung: Bekenntnisse formulieren eine Mitte der Schrift – das Evangelium von Jesus Christus; diese Mitte ist wiederum die Mitte des Bekenntnisses. Dessen Ziel ist es, die Verkündigung des Evangeliums in den Vollzügen der Kirche – in Verkündigung, Lehre, Unterricht, Sozialgestalt, Diakonie und Recht – zur Geltung zu bringen.

Die Formel »Schrift / Bibel und Bekenntnis« findet sich in zahlreichen Kirchenverfassungen, anderen kirchenrechtlichen Texten und Verpflichtungserklärungen. Grundsätzlich bedeutet die Formel eine Festlegung auf die Grundaussagen der Bibel und ihre Interpretation durch die jeweiligen Bekenntnisse. Dabei geht es nicht um jeden Satz und jede Aussage in den oft mehrere hundert Seiten umfassenden Texten. Aber es sind Grundaussagen, denen zugestimmt wird. Auch die erklärte und praktizierte Gemeinschaft von Kirchen wird i. d. R. auf der Grundlage des Einverständnisses im Blick auf »Bibel und Bekenntnis« vollzogen.

Aussagen der Bibel werden i. d. R. unter Berücksichtigung der wissenschaftlichen Zugänge zur Auslegung (Exegese) und zum Verstehen (Hermeneutik) aufgenommen. Auch für historische Bekenntnistexte ist wissenschaftliche Forschung zum

Verstehen unerlässlich. Zu berücksichtigen bleibt dabei, dass die Bekenntnisse den Anspruch erheben, das Evangelium von Jesus Christus für die Vollzüge der Kirche zur Geltung zu bringen und diese letztlich daran zu messen und zu bewähren sind.

Zwei Formeln tauchen in diesem Zusammenhang immer wieder auf: Die Bibel sei »norma normans« (normierende Norm), die Bekenntnisschriften »norma normata« (normierte Norm). Es ist wichtig zu wissen, dass das Bibelwort dem Bekenntnistext vor- und übergeordnet ist. Gleichzeitig darf nicht vergessen werden, dass die Bekenntnistexte der Verkündigung des Evangeliums dienen und die Mitte der Bibelaussagen zusammenfassen. Insofern stellen sie selbst eine »Norm« dar und weisen in das evangeliumsgemäße Verständnis der Schrift ein.

Die zweite Formel ist der Unterschied zwischen »quia« (weil) und »quatenus« (soweit / insofern; die Formel insgesamt: »quatenus / quia cum Scriptura Sacra consentanea«, Übersetzung in den folgenden Anführungszeichen): Es ist eine Kleinigkeit in der Formulierung mit konfessionell weitreichenden Folgen, ob jemand den Aussagen der Bekenntnisschriften zustimmt, »weil (quia) sie mit der Heiligen Schrift übereinstimmen« oder »soweit (quatenus) sie mit der Heiligen Schrift übereinstimmen«. Mit der ersten Aussage stellt man sich vollständig hinter die Bekenntnisschriften, mit der zweiten Aussage behält man sich eine Einschätzung vor, ob doch Widersprüche zu den Grundaussagen der Bibel gefunden werden (stimmt dem Rest jedoch zu). Geschichtlich hatten sich lutherische Kirchen eher für das »quia / weil«, reformierte eher für das »quatenus / soweit« entschieden, ohne dass sich dieser Unterschied kirchentrennend auswirken muss. Es gibt in Deutschland Freikirchen, die auf ein vollumfängliches »quia«

Wert legen; Landeskirchen wiederum tendieren eher zum »quatenus«. In lutherischen Kirchen der USA ist der Unterschied besonders anschaulich: Die »Lutheran Church Missouri Synod« hält am »quia / weil« fest, die »Evangelical Lutheran Church of America« eher am »quatenus / soweit«.

22. Können Bekenntnisse außer Geltung geraten?

Es gibt Artikel in Bekenntnissen und ganze Bekenntnisse, die kirchenrechtlich in Geltung stehen, im faktischen gegenwartsbezogenen Vollzug kirchenleitenden Handelns ihre normative Funktion jedoch verloren haben. Das hängt zunächst einmal damit zusammen, dass der Geltungsanspruch der Bekenntnisse darin besteht, dass sie das Evangelium von Jesus Christus bezeugen. Von diesem Zentrum her ist der Anspruch der Einzelaussagen begründet und begrenzt. Es ist damit zu rechnen, dass Aussagen, an denen im vierten oder im 16. Jahrhundert das Verständnis des Evangeliums hing, zwar inhaltlich in Geltung bleiben, aber für eine veränderte Zeitsituation zunächst einmal nicht mehr benötigt werden. Damit tritt auch der entsprechende Artikel im kirchlichen Gebrauch in den Hintergrund. Andererseits können Artikel, die über Jahrzehnte hin vergessen waren, in neuen Konstellationen wieder orientierende Kraft gewinnen. Das Verständnis der Bekenntnisse vom Zentrum des Evangeliums von Christus her ist selbst ein lebendiger Prozess, in dem Artikel zurücktreten oder in den Vordergrund rücken.

Ihre »aktive« normative Funktion verlieren Bekenntnisse, wenn sie als hermeneutischer Schlüssel nicht mehr einleuchten – sei es, dass sich herausstellt, dass sie die Schrift verschließen, sei es, dass sich in der Gegenwart niemand mehr in seiner Schriftlektüre an ihnen orientieren will. Dass aber die Orientierungskraft der Bekenntnisse einer bestimmten Gegenwart neu aufgehen kann – dafür legt die Situation des Kirchenkampfes gegen den Nationalsozialismus Zeugnis ab.

Bei den in die Sammlung der Bekenntnisschriften aufgenommenen altkirchlichen Texten ist der Geltungsanspruch des (Pseudo-)Athanasianum faktisch nicht mehr existent: Es spielt in kirchlichen und theologischen Debatten keine Rolle mehr. Das liegt an der im Blick auf den Glaubensbegriff problematischen Einleitung und dem Schluss, in dem der Glaube an die dogmatischen Aussagen des Athanasianum als Bedingung des Heils ausgegeben wird. So fragwürdig diese Aussage für die Gegenwart ist, so unverzichtbar ist das Bekenntnis im Gesamtzusammenhang der reformatorischen Bekenntnisschriften, weil es die Grundbestimmungen der trinitarischen und christologischen Dogmenbildung der ersten Jahrhunderte zusammenfasst, die in den reformatorischen Bekenntnissen vorausgesetzt ist; zudem fasst es die Bestimmungen in geradezu lyrische Formulierungen, welche die Lesenden in eine auch affektive Bewegung zu bringen und ihnen so zu denken geben vermögen.

23. Worüber reden wir in der Kirche der Gegenwart, wenn es um »Bekenntnis« geht?

Zu unterscheiden ist zwischen einerseits dem Bekenntnisakt, der authentisch vollzogen wird und in einer kurzen Wendung eine lebensbegründende, unverzichtbare Bindung zum Ausdruck bringt (s. o. Abschnitte 3, 10 und 11). In diesem Sinne ist das »Bekennen« in Mt 10,32f. gemeint, und in diesem Sinne wird vom (nachträglich in dieser Formel verdichteten) »Bekenntnis« Luthers zu Worms gesprochen: »Hier stehe ich, ich kann nicht anders, Gott helfe mir. Amen.«

Semantisch ganz entgegengesetzt ist andererseits das Bekenntnis im Sinne einer inhaltlichen Aussage, die meist sehr präzise und häufig in abgrenzender Absicht formuliert ist. Die Zuordnung von »Bekenntnis« im Sinne des Aktes und »Bekenntnis« im Sinne der präzisen Formulierung erinnert an die Zuordnung von »fides qua« (Glaubensakt) und »fides quae« (Glaubensinhalt). Auf dieser Basis wird zuweilen angenommen, dass das formulierte Bekenntnis genau das ist, was im Vollzug des Bekennens ausgesprochen wird. Das ist mit Bezug auf viele Bekenntnisse auch zutreffend – etwa für die frühen christologischen Akklamationen (»Jesus ist der Christus« / »Jesus Christus ist der Herr« / »Jesus Christus ist auferstanden«). Das gilt auch für die Taufbekenntnisse oder die gottesdienstlich verwendeten Bekenntnisse. Es gilt aber bereits nicht mehr für das (Pseudo-)Athanasianum, das den Gegenstand des Glaubens umreißt, den Akt des Bekennens aber ausdrücklich nicht vollzieht, sondern vorschreibt.

Mehr noch gilt das für die Bekenntnisschriften der lutherischen Kirche und für die reformierten Bekenntnisse. Hier hat man es mit einem Funktionswandel zu tun: Keine dieser Schriften hatte jemals die Funktion, dem authentischen Bekennen zur Aussprache seiner selbst zu verhelfen. Diese Bekenntnisse dienen der Sicherung der eigenen Lehre gegen spätere Verkehrungen, der Formulierung einer Grundlage politischer Bündnisse, der öffentlichen Abwehr von Fehlinterpretationen der in einem Territorium geltenden Überzeugungen und des Ausweises der Übereinstimmung dieser Überzeugungen mit dem wahren Glauben der Kirche.

In den Bekenntnisschriften der lutherischen und der reformierten Kirchen gewinnen sie den Sinn der Fixierung eines hermeneutischen Schlüssels zur Schrift.

Das heißt, dass diese Bekenntnisse nicht die Funktion hatten und haben können, Ausdruck des individuellen Glaubens- und Bekenntnisaktes zu sein. Das ist gegen Positionen zu sagen, die darauf hinweisen, dass die in den Grundartikeln der Kirche genannten Bekenntnisse in der Gegenwart nicht abgedeckt sind dadurch, dass sie den Glauben eines Einzelnen oder eines Kollektivs zur Sprache bringen. Die authentische Aussprache des individuellen oder kollektiven Glaubens wird in den Bekenntnissen hingegen vorgezeichnet in Gestalt der Katechismen, die genau den Weg von den Formulierungen des Apostolikums zu einer Übernahme des Gehaltes in einer authentischen »Ich«-Formulierung vollziehen.

Die Bekenntnisschriften und die Bekenntnisse in den Grundordnungen der Kirchen haben dagegen ihre Funktion darin, einen Konsens hinsichtlich des Verständnisses und der Auslegung der Schrift zu formulieren, die wiederum eine auf Glauben abzielende Wortverkündigung und Sakramentsverwaltung ermöglichen. Entsprechend bindet das Bekenntnis in diesem Sinn diejenigen, die in der Verkündigung und Sakramentsverwaltung tätig sind, und diejenigen, die im Aufsichtsamt zu einer evangeliumsgemäßen, d. h. Glauben und damit die Gemeinschaft der Glaubenden ermöglichenden, Verkündigung und Sakramentsverwaltung anhalten.

24. Haben Bekenntnisse eine Orientierungsfunktion für ethische Praxis?

Bekenntnistexte stellen einen Schlüssel zum Verstehen der Heiligen Schrift dar. Aus dem Verständnis der Heiligen Schrift, und damit mittelbar auch aus Bekenntnistexten, lassen sich Orientierungen für ethische Entscheidungen ableiten. Für die Entscheidungen selbst kommen immer weitere Aspekte hinzu, wie die Einsichten anderer Wissenschaften, die Erfahrung der beteiligten Personen etc.

Angesichts dieser verschiedenen Faktoren ist es einleuchtend, dass ein Bekenntnis nicht ›automatisch‹ zu einer einzigen ethischen Entscheidung führt. Vielmehr können Personen, die unterschiedliche ethische Entscheidungen fällen, sich auf dasselbe Bekenntnis und oft auch auf dieselben Passagen und Zusammenhänge der Heiligen Schrift beziehen. Dennoch werden ethische Entscheidungen im Horizont des Bekenntnisses nicht beliebig: Zum einen ist eine Argumentation aus dem jeweiligen Verständnis von »Schrift und Bekenntnis« heraus gefordert. Zum anderen legen Bekenntnisse sehr wohl einen ›Korridor‹ fest, innerhalb dessen verschiedene ethische Entscheidungen gefällt werden können, z.B. durch eine unterschiedliche Gewichtung von Schrift, Bekenntnis, gegenwärtigem Stand der Wissenschaft und Erfahrung in der grundlegenden Orientierung des Abwägungsprozesses am Evangelium als der Mitte von Schrift und Bekenntnis.

II. Welche Bedeutung hat das »Bekenntnis« für die evangelischen Kirchen als Organisationen?

25. Warum ist das »Bekenntnis« für evangelisch-lutherische Kirchen so wichtig?

Evangelische Kirchen, zumal evangelisch-lutherische, sind als »in der Welt verfasste« Organisationen ohne ihr »Bekenntnis« nicht denkbar. Das Kirchenrecht, das diese Kirchen konstituiert, hat im »Bekenntnis«, d. h. einem bestimmten, in den evangelischen Kirchen geteilten Verständnis der Heiligen Schrift, seine Grundlage und seine Grenze. Deshalb wird dieses »Bekenntnis« in allen Grundartikeln, Vorsprüchen, Präambeln oder Eingangsartikeln der Kirchenverfassungen bzw. Grundordnungen der Landeskirchen genannt und näher umschrieben.

Das evangelische Bekenntnis versteht die Schrift so, dass auch die Kirchen als äußerlich geordnete Gemeinschaften die Menschen zur Verkündung des Evangeliums und zur Darreichung der Sakramente berufen (CA Art. 14, 5), d. h. die sichtbaren Kirchen nach Gottes Willen bestehen.

Aus der evangelischen Deutung der Schrift im Bekenntnis ergibt sich, *was der Auftrag der Kirche* ist: das Wort Gottes schriftgemäß zu verkündigen und die Sakramente dem Evangelium gemäß zu feiern (CA Art. 7). Dass die Kirchenverfassungen dies in ihren Eingangsartikeln festhalten, ist durch das Bekenntnis vorgegeben.

Es ist das Bekenntnis, das in Streitfragen darüber entscheidet, *welchen Inhalt die schriftgemäße Verkündigung des Evangeliums hat (vor allem, was die zentralen Aspekte dieser Verkündigung sind), was die zu feiernden Sakramente sind* und *woran sich entscheidet, ob sie dem Evangelium gemäß gefeiert werden* oder der Boden des Evangeliums verlassen wird. Die Bekenntnisgrundlagen sind deshalb von essentieller Bedeutung dafür, dass der Auftrag der Kirche erfüllt werden kann und die rechtlich verfasste Kirche wirklich Kirche Jesu Christi bleibt.

Aus der Schrift und ihrer Deutung im evangelischen Bekenntnis ergibt sich schließlich auch, *welche Rolle die rechtliche Ordnung in der Kirche spielt*: nämlich, dass diese Ordnung dienende Funktion hat und die Kirche ihre eigentliche Aufgabe ohne Zwang, durch »das Wort« und die Sakramente erfüllt. Die in der Welt rechtlich verfassten Kirchen sind von der »verborgenen Kirche« zu unterscheiden. Letztere ist konstituiert durch den mit Christus verbindenden Glauben und die Gemeinschaft der Glaubenden zu allen Zeiten und an allen Orten.

Aus der Schrift und ihrem Verständnis durch das Bekenntnis ergeben sich *Vorgaben für die Ausgestaltung des Kirchenrechts*, z. B. kann es kein autoritatives Lehramt geben, das aus einem rein institutionellen Verständnis heraus dem »Priestertum aller Gläubigen« übergeordnet wäre. Bekenntniswidriges und damit unzulässiges Kirchenrecht ist denkbar und ist der Kritik durch das Evangelium zu unterziehen (s. dazu These III der Barmer Theologischen Erklärung).

26. Bekenntnis und Gewissen

Es ist naheliegend, gerade die Lehrbekenntnisse, die eine normative Funktion haben, als ›Zwangsinstanz‹ zu betrachten. Dann entsteht das Bild, dass durch ein traditionelles, der Gegenwart nicht mehr nachvollziehbares, autoritär verfügtes Lehrgesetz das individuelle Gewissen und seine Freiheit unterdrückt werden. Dass in allen Phasen der Bekenntnisbildung von der Alten Kirche bis zur Gegenwart dergleichen vorgekommen ist, ist unstrittig; die Unterschriften, die unter altkirchliche Bekenntnisse und unter die Konkordienformel (und natürlich unter entsprechende Entscheidungen in anderen Konfessionen) gesetzt wurden, waren nicht selten durch äußeren Druck, zuweilen durch obrigkeitliche Strafandrohungen abgenötigt.

Das ist aber nicht der Sinn der Bekenntnisbindung und -verpflichtung. Es ist gerade an den Katechismen beider protestantischer Traditionen abzulesen, dass das Bekenntnis auf freie Einstimmung und ein freies ›Sich-Wiederfinden‹ in den alten Texten abzielt. Was das Bekenntnis vorspricht – »Ich glaube an Gott, den Schöpfer« – übersetzt sich in den Katechismen in ein freies Selbstverständnis: »Was ist das? Ich glaube, dass mich Gott geschaffen hat«; oder: Das Bekenntnis zu Jesus Christus als dem Sohn Gottes übersetzt sich auf die Frage »Was ist das?« hin in: »Ich glaube, dass Jesus Christus ... sei mein Herr«.

Der Selbstverpflichtung von Geistlichen bei der Ordination liegt die normalerweise in einem Theologiestudium gewonnene persönliche Einsicht zugrunde, dass das Bekenntnis die Auslegung der Schrift auf das Evangelium und dessen lebenserschließende Kraft hin orientiert. Dies ist in der Ordinationsverpflichtung oder ähnlichen Formeln ausgedrückt, die nicht den Bekenntnissen oder der Schrift gelten, sondern dem Evangelium, wie es in der Schrift gegeben und in den Bekenntnissen bezeugt ist. Das Evangelium ist dabei nicht eine Summe von Aussagesätzen, sondern vielmehr eine Verheißung (»promissio«), die lebensbegründend ist und sich wie jede lebensorientierende Wahrheit am Menschen nicht durch Zwang durchsetzt, sondern so, dass sie einleuchtet. Die Bindung an das Bekenntnis in der Ordination ist damit keine Unterstellung unter eine Fremdbestimmung, sondern höchster Ausdruck der Selbstbestimmung in der Bindung an das Evangelium.

27. In welchen Zusammenhängen ist das Bekenntnis für Kirchenvorstände, Kirchgemeinderäte, Kirchenkreistags- und Synodenmitglieder[2] relevant?

Wegen der grundlegenden Bedeutung von »Schrift und Bekenntnis« (s. Abschnitt 25) für die evangelischen Kirchen werden alle Mitglieder dieser kollegialen kirchenleitenden Organe, genauso wie die Mitglieder aller anderen Organe der Kirchenleitung (Bischöfinnen und Bischöfe, Dekaninnen und Dekane, ebenso Mitglieder eines »Oberkirchenrates«, »Landeskirchenamtes« etc., näher zu ihnen Abschnitt 32), auf »Schrift und Bekenntnis« verpflichtet.

Nach der Agende der VELKD beantworten Kirchenvorsteherinnen und Kirchenvorsteher im Einführungsgottesdienst die Frage:

> »Wollt ihr das Amt von Kirchenvorstehern/Kirchenvorsteherinnen in dieser Gemeinde führen gemäß dem Evangelium von Jesus Christus, wie es in der Heiligen Schrift gegeben und im Bekenntnis der

2 Gemeint sind damit die kollegialen kirchlichen Selbstverwaltungsorgane auf den unterschiedlichen Ebenen. Ihre Bezeichnungen variieren von Landeskirche zu Landeskirche.

> evangelisch-lutherischen Kirche bezeugt ist, und seid ihr bereit, Verantwortung zu übernehmen für den Gottesdienst, für die pädagogischen und diakonischen, ökumenischen und missionarischen Aufgaben der Gemeinde sowie für Lehre, Einheit und Ordnung der Kirche, so reicht mir die Hand und antwortet: Ja, mit Gottes Hilfe.«[3]

Synodale der mittleren Ebene (Kirchenkreis, Dekanat) und der Landeskirche werden bei ihrer gottesdienstlichen Einführung gefragt:

> »Wollt ihr euer Amt als Synodale führen in der Bindung an das Evangelium Jesu Christi, wie es in der Heiligen Schrift gegeben und im Bekenntnis der evangelisch-lutherischen Kirche bezeugt ist, und seid ihr bereit, Verantwortung zu übernehmen für den Gottesdienst, für die pädagogischen und diakonischen, ökumenischen und missionarischen Aufgaben, für Lehre, Leben und Ordnung der Kirche, so tretet herzu, reicht mir die Hand und antwortet: Ja, mit Gottes Hilfe.«[4]

Über diese persönliche Verpflichtung auf das »Evangelium von Jesus Christus«, wie es »im Bekenntnis der evangelisch-lutherischen Kirche bezeugt« ist, gehen andere Stellen im Kirchenrecht noch hinaus, indem sie betonen, dass die Mitglieder der Leitungsgremien bei der Erfüllung ihrer Aufgaben nicht nur an das geltende kirchliche Recht, sondern außerdem generell an »Schrift und Bekenntnis« gebunden sind.

Vgl. dazu z. B. Art. 21 S. 2 Kirchenordnung Oldenburg: »Die Ältesten haben ihr Amt in Bindung an das Wort Gottes und die Bekenntnisse der Kirche und in Verantwortung vor der

---

3 Agende IV, Teilband 1 der VELKD für evangelisch-lutherische Kirchen und Gemeinden, 2012, S. 237.

4 Agende IV, Teilband 1 der VELKD für evangelisch-lutherische Kirchen und Gemeinden, 2012, S. 245.

Gemeinde und der Gesamtkirche zu führen.« Über die Setzung von Kirchenrecht, die eine Kernaufgabe der Landessynodalen ist, sagt Art. 6 Abs. 1 der Verfassung der Evangelisch-Lutherischen Landeskirche Hannovers: »Das kirchliche Recht ist an die Heilige Schrift und an das Bekenntnis der evangelisch-lutherischen Kirche gebunden.«

Diese Formulierungen verdeutlichen, dass das kirchenleitende Handeln, für das diese Gremien bestellt sind, nicht allein dem »Evangelium« im engen (z. B. in CA Art. 5 aufgeführten) Verständnis verpflichtet ist, obwohl diese Bindung selbstverständlich zentrale Bedeutung hat. Sondern sie drücken aus, dass das Evangelium Folgen für das evangelische Verständnis z. B. der Kirche, der Ämter in der Kirche und das Selbstverständnis der Kirche gegenüber der »weltlichen Gewalt« hat. Auch auf ihnen ruht die »sichtbare« Kirche im evangelischen Verständnis. Auch sie sind deshalb bei der Ausübung eines kirchlichen Leitungsamtes zu beachten. »Zu beachten« heißt dabei im evangelischen Verständnis nicht, dass solche Aussagen nicht auch kritisch befragt werden dürfen.

Wie jedes Kirchenmitglied haben auch alle Mitglieder von Leitungsorganen kraft des »Priestertums aller Gläubigen« das Recht und die Pflicht, das richtige Verständnis christlicher Wahrheit zu erforschen und den dabei gefundenen, evtl. von dem (bisherigen) Bekenntnis abweichenden Standpunkt auch zu vertreten. Als Träger eines kirchenleitenden Amtes dürfen sie ihre rechtliche Amtsbefugnis aber nicht dazu einsetzen, diesen eigenen abweichenden Standpunkt an die Stelle des (bisherigen) Standpunkts der Kirche zu setzen. Das Bekenntnis steht nach evangelischem Verständnis nicht zur Disposition einzelner Trägerinnen und Träger von Leitungsämtern,

z. B. von Bischöfinnen und Bischöfen, und auch nicht zur Disposition von Kollegialorganen, z. B. der Synode im Wege der Gesetzgebung, sondern evangelisch ist das Vertrauen darauf, dass sich im »*magnus consensus*« (großer Konsens / umfassende Einmütigkeit) der Kirche als Ganzer die Wahrheit der Schrift erschließt. Insofern ist es Mitgliedern von Leitungsämtern nicht verwehrt, ja es ist sogar ihr Auftrag, eine von ihnen als Wahrheit erkannte, vom bisher formulierten *magnus consensus* abweichende Aussage zu vertreten und um eine Änderung des bisherigen *magnus consensus* zu werben, ohne unter Ausnutzung ihrer Rechtsmacht ihrer individuellen Überzeugung zur rechtlichen Geltung bzw. Maßgeblichkeit zu verhelfen.

»Schrift und Bekenntnis« ziehen der Gestaltungs- und Entscheidungsmöglichkeit dieser Organe also eine Grenze. Dabei ist in der Wissenschaft und Lehre des evangelischen Kirchenrechts umstritten, ob eine gegen Schrift und / oder Bekenntnis verstoßende kirchenleitende Entscheidung unmittelbar unwirksam – also rechtlich bedeutungslos – ist, oder ob sie gültig ist und lediglich die Verpflichtung besteht, sie wieder aus der Welt zu schaffen. Allerdings sieht das Recht mancher Landeskirchen Verfahren vor, die die Schrift- und Bekenntnisbindung absichern sollen: Tritt der Beschluss eines Leitungsorgans zum Bekenntnis der Kirche in Widerspruch, bzw. entsteht in der Kirche ein Konflikt über seine Vereinbarkeit mit dem Bekenntnis, kann dies eine andere kirchenleitende Stelle dazu berechtigen oder sogar verpflichten, seine Vollziehung auszusetzen.

Bei diesen Bestimmungen handelt es sich um ein Erbe aus dem »Kirchenkampf« der 1930er Jahre. Sie versuchen, einen

Mechanismus zu etablieren, der »bekenntniswidriges Kirchenrecht« verhindert, das entweder aus mangelndem Bewusstsein für die Bedeutung und den Inhalt des evangelischen Bekenntnisses oder in bestimmten historischen Situationen aus einem mit dem Wesen und Auftrag der Kirche unvereinbaren Zeitgeist heraus erlassen werden könnte. Sie dienen dazu, der Einsicht aus dem »Kirchenkampf«, dass alles kirchenleitende Handeln (auch die kirchliche Rechtssetzung) an »Schrift und Bekenntnis« gebunden ist, tatsächliche Bedeutung zu geben, sodass die Beachtung dieser Bindung nicht nur im Ermessen der gerade Handelnden steht.

28. In welchen Zusammenhängen werden Pastorinnen und Pastoren / Pfarrerinnen und Pfarrer auf Bekenntnistexte verpflichtet?

Es ist Teil des Theologiestudiums zukünftiger Pfarrerinnen und Pfarrer und häufig auch ihrer praktischen Ausbildungsphase, dem Vikariat, sich mit den Bekenntnisschriften zu beschäftigen. Pfarrerinnen und Pfarrer legen vor der Ordination eine Lehrverpflichtung ab, in der sie versprechen, »das Evangelium so zu verkündigen, wie es grundlegend gegeben ist in der Heiligen Schrift Alten und Neuen Testaments und wie es bezeugt wird in den drei altkirchlichen Glaubensbekenntnissen und in den lutherischen Bekenntnisschriften unserer Kirche«.[5]

5 Formulierung entnommen aus: Agende IV, Teilband 1 der VELKD für evangelisch-lutherische Kirchen und Gemeinden, 2012, S. 30 f.

Die Rechtsgrundlagen: § 3 Abs. 2 Pfarrdienstgesetz der EKD: Die Ordinierten sind durch die Ordination verpflichtet, das anvertraute Amt im Gehorsam gegen den dreieinigen Gott in Treue zu führen, das Evangelium von Jesus Christus, wie es in der Heiligen Schrift gegeben und im Bekenntnis ihrer Kirche bezeugt ist, rein zu lehren, die Sakramente ihrer Einsetzung gemäß zu verwalten, ihren Dienst nach den Ordnungen ihrer Kirche auszuüben, das Beichtgeheimnis und die seelsorgliche Schweigepflicht zu wahren und sich in ihrer Amts- und Lebensführung so zu verhalten, dass die glaubwürdige Ausübung des Amtes nicht beeinträchtigt wird.

§ 4 Abs. 4 Pfarrdienstgesetz der EKD: Vor der Ordination erklären diejenigen, die ordiniert werden sollen: »Ich gelobe vor Gott, das Amt der öffentlichen Wortverkündigung und Sakramentsverwaltung im Gehorsam gegen den dreieinigen Gott in Treue zu führen, das Evangelium von Jesus Christus, wie es in der Heiligen Schrift gegeben und im Bekenntnis meiner Kirche bezeugt ist, rein zu lehren, die Sakramente ihrer Einsetzung gemäß zu verwalten, meinen Dienst nach den Ordnungen meiner Kirche auszuüben, das Beichtgeheimnis und die seelsorgliche Schweigepflicht zu wahren und mich in meiner Amts- und Lebensführung so zu verhalten, dass die glaubwürdige Ausübung des Amtes nicht beeinträchtigt wird«. Die Gliedkirchen und gliedkirchlichen Zusammenschlüsse können je für ihren Bereich die Verpflichtungserklärung anders formulieren.

§ 2 Pfarrdienstgesetzergänzungsgesetz der VELKD: »1Mit der Verpflichtung auf das Bekenntnis ihrer Kirche werden die zu Ordinierenden im Bereich der Vereinigten Kirche und ihrer Gliedkirchen auf das evangelisch-lutherische Bekenntnis verpflichtet.« (In der Evangelischen Kirche in Mitteldeutschland kann anders verfahren werden.)

Pastorinnen und Pastoren bzw. Pfarrerinnen und Pfarrer verpflichten sich in dieser Erklärung also, das Evangelium nach der Schrift, so wie sie aus evangelischer Perspektive verstanden,

d. h. angeleitet durch das evangelische Bekenntnis ausgelegt wird, zu lehren. Sie orientieren sich damit in ihrer Amtsführung in traditionellen oder auch innovativen Beiträgen an einem vorgegebenen identitätsstiftenden Grundkonsens der Kirche.

Andere kirchliche Mitarbeitende, denen ebenfalls das Amt der öffentlichen Wortverkündigung übertragen wird, z. B. Prädikantinnen und Prädikanten oder bestimmte Diakoninnen und Diakone, werden in gleicher Weise verpflichtet.

Bei der Berufung von Mitarbeiterinnen und Mitarbeitern in das öffentliche Predigtamt steht diese Verpflichtung zweifellos im Zentrum: Sie bildet den Kern des Dienstes in diesem Amt. Eine darüber hinausgehende Beschränkung des Predigtamtes (CA Art. 5) gibt es nach evangelischem Verständnis nicht: Es ist auf das Evangelium und nur auf das Evangelium verpflichtet. In diesem Sinne kann das Predigtamt als göttliche Stiftung, als göttliches Recht gesehen werden.

Der Dienst von Pfarrerinnen und Pfarrern in der Kirche geht über das mit der Ordination übertragene Amt der öffentlichen Wortverkündigung und Sakramentsverwaltung hinaus: U. a. gehört zu ihren Dienstaufgaben auch die Mitarbeit in der Gemeindeleitung (als Mitglied, evtl. auch Vorsitz im Kirchenvorstand bzw. Kirchgemeinderat), die laufende Verwaltung der Kirchengemeinde, die (Organisation der) Konfirmandenarbeit, die Seelsorge u. v. m. Manche dieser Aufgaben hängen eng, manche nur indirekt mit dem Verkündigungsauftrag zusammen. Für die Erfüllung solcher Aufgaben sind Pastorinnen und Pastoren bzw. Pfarrerinnen und Pfarrer in gleicher Weise auf das in »Schrift und Bekenntnis« ausgelegte Evangelium und die Folgerungen daraus verpflichtet, wie dies auch für andere Personen in kirchenleitender Funktion, z. B. für Kirchenvorstände, gilt (s. Abschnitte 21 und 27). Diese Ordnungen sind menschliches Recht.

29. Was passiert bei Aussagen von Pfarrerinnen und Pfarrern gegen »Bibel und Bekenntnis«?

Pastorinnen und Pastoren bzw. Pfarrerinnen und Pfarrer haben in ihrem Dienst große Freiheit. Es kennzeichnet protestantische Kirchen, dass sie eine Vielfalt an Meinungen zulassen, die allerdings nicht zur Beliebigkeit werden darf. Zugleich ist es ihnen auf allen Ebenen eine primäre Leitungsaufgabe, für Qualität und Kultur und hilfreiche Strukturen in inhaltlichen, besonders auch theologischen Auseinandersetzungen, Sorge zu tragen.

Dennoch gibt es Grenzen, insbesondere bei wesentlichen Aussagen des Bekenntnisses wie zum Beispiel bei der Verneinung der Heilsbedeutung des Todes Jesu oder der Frage nach der Auferstehung Jesu Christi. Kommt es hier zu einem ernsthaften, den Frieden und die Einheit von Gemeinde oder gar Kirche gefährdenden Dissens, soll zuerst in direkten, moderierten oder geleiteten Gesprächen versucht werden, diesen Dissens auf dem Boden von Heiliger Schrift und lutherischem Bekenntnis zu klären, bevor es als ultima ratio zu einem förmlichen Verfahren kommen kann.

Ein erster Schritt wird daher immer das direkte Gespräch zwischen Pastorin/Pastor bzw. Pfarrerin/Pfarrer und Gemeindegliedern, besonders auch dem Kirchenvorstand sein.

Superintendentinnen und -intendenten, Dekaninnen und Dekane, Pröpstinnen und Pröpste u. a. haben auf der nächsthöheren Ebene die Aufgabe, Streitigkeiten über Aussagen auszuräumen, i. d. R. in einem »geschwisterlichen Gespräch«.

In sehr komplexen oder schwierigen Fällen können Regionalbischöfinnen und -bischöfe und die Landesbischöfinnen und -bischöfe als nächste Stufe das Gespräch führen.

Als allerletztes, äußerst selten genutztes Instrument gibt es das »Lehrbeanstandungsverfahren«:

30. Was ist und wie funktioniert das »Lehrbeanstandungsverfahren«?

Um zu klären, ob bei der Wortverkündigung und Sakramentsverwaltung die Bindung an »Schrift und Bekenntnis« gewahrt bleibt, existiert in den evangelischen Kirchen das sogenannte »Lehrbeanstandungsverfahren«. Dieses Verfahren wurde im Zuge der Formulierung eines eigenständigen evangelischen Kirchenrechts im frühen 20. Jahrhundert entwickelt. Es ist als gesondertes Verfahren vom kirchlichen Disziplinarverfahren unterschieden, weil es in einer evangelischen Kirche keinen rechtlichen Zwang zu einer bestimmten Glaubensüberzeugung und -lehre geben kann. Eine Abweichung vom (bisherigen) Lehrkonsens stellt deshalb kein Dienstvergehen dar und kann nicht mit einem Schuldvorwurf verbunden werden.

In den Kirchen der VELKD setzt ein solches Lehrbeanstandungsverfahren voraus, dass eine Person, die einen kirchlichen Auftrag zur Wortverkündigung und/oder Sakramentsverwaltung hat, »öffentlich in der Darbietung der christlichen Lehre oder in [ihrem] gottesdienstlichen Handeln in entscheidenden Punkten in Widerspruch zum Bekenntnis der Evangelisch-Lutherischen Kirche tritt und daran beharrlich festhält«.

Diese Formulierung aus § 1 Abs. 1 des Lehrbeanstandungsgesetzes der VELKD zeigt, dass nicht jeder Widerspruch bzw. jede Kritik an einer Aussage des evangelisch-lutherischen Bekenntnisses Anlass für ein Lehrbeanstandungsverfahren sein kann. Anlass für ein solches Verfahren kann nur ein Widerspruch sein, der »entscheidende Punkte« des Bekenntnisses betrifft.

Für ein Lehrbeanstandungsverfahren wird eine Kommission aus Vertreterinnen und Vertretern der Landeskirche oder des kirchlichen Zusammenschlusses, der theologischen Wissenschaft und Vertrauten der Person, die sich dem Verfahren stellen muss, gebildet. Das Verfahren wird erst eingeleitet, nachdem die im Abschnitt 29 beschriebenen Gesprächsstufen durchlaufen sind.

Kennzeichnend für das Lehrbeanstandungsverfahren ist seine Gesprächsorientierung: Es beginnt mit einem Lehrgespräch, das dazu bestimmt ist, den im Raum stehenden, möglicherweise nicht tragbaren Widerspruch zum Bekenntnis der Kirche in einem Dialog auf Augenhöhe zu klären und wenn möglich auszuräumen. Darin kommt zum Ausdruck, dass sich aus evangelischer Sicht die Wahrheit nur im Gespräch herausstellen kann und weder ein Einzelner noch ein Organ der Kirche für sich in Anspruch nehmen kann, die Wahrheit festzustellen und zu dekretieren.

Am Ende eines solchen Verfahrens steht die Entscheidung, dass jemand entweder den kirchlichen Dienst verlassen muss oder dass die Aussagen gemeinsam tragbar sind. Dabei nimmt das Lehrbeanstandungsverfahren nicht für sich in Anspruch, eine Entscheidung über die Wahrheit herbeigeführt zu haben. Aber es ist ein Instrument, in dem sich die Kirche – in dem Bewusstsein der Grenzen der menschlichen Erkenntnisfähigkeit und menschlicher Fehlbarkeit – darauf verständigt, welche Lehre noch als Lehre der Kirche gelten kann, und wo die Grenze des gemeinsam Verantwortbaren erreicht ist. Wenn diese Grenze nachweisbar eindeutig überschritten wird, stellt sich der oder die Verkündigende mit einer Lehre außerhalb der Bekenntnisgemeinschaft. Entsprechend ist die Konsequenz des Lehrbeanstandungsverfahrens niemals die Verwerfung der Lehre des Betreffenden als »falsch« oder gar ein Schuldvorwurf, sondern allenfalls die Entscheidung, dass die betreffende Lehre nicht mehr für *die* und im Rahmen *der* Kirche stattfinden kann.

Es ist wichtig festzuhalten, dass das »Lehrbeanstandungsverfahren« äußerst selten angewandt wurde, VELKD-weit nach dem Zweiten Weltkrieg nur zweimal (!). Und es ist festzuhalten, dass das Verfahren im Falle eines Konflikts um die richtige Lehre das ausschließlich vorgesehene, gerade auch der Freiheit der Lehre Rechnung tragende Verfahren ist, das nicht auf anderem Wege, z. B. durch die Durchführung eines Disziplinarverfahrens oder durch eine Versetzung in den Wartestand, umgangen werden darf.

31. Gibt es weitere Personenkreise, für die das Bekenntnis wichtig ist?

Die Bindung an »Schrift und Bekenntnis« gilt im Grundsatz für alle, die in der Kirche arbeiten, denn ohne diese Bindung an die gemeinsame Glaubensüberzeugung verliert kirchlicher Dienst seinen eigenen, besonderen Charakter.

Vgl. als Beispiel Art. 13 Abs. 2 S. 1 Verfassung der Evangelisch-Lutherischen Landeskirche Hannovers: »Alle Mitarbeitenden sind verpflichtet, die Heilige Schrift und das Bekenntnis der evangelisch-lutherischen Kirche zu achten.«

Besondere Bedeutung hat diese Bindung für diejenigen Mitarbeitenden, die in irgendeiner Form im Verkündigungsdienst eingesetzt sind oder verkündigungsnahe Aufgaben (Seelsorge, kirchliche Bildungsarbeit etc.) haben, wie z. B. Vikarinnen/Vikare, Diakoninnen/Diakone, Gemeinde- und Religionspädagoginnen/-pädagogen oder Prädikantinnen/Prädikanten. Auch die Aufgaben von Lektorinnen und Lektoren und Kirchenmusikerinnen und Kirchenmusikern betreffen die Verkündigung. Alle diese für die Erfüllung des Auftrages der Kirche zentralen Personen werden bei ihrer Einsegnung oder bei der Einführung in ihren Dienst auf »Schrift und Bekenntnis« verpflichtet.

Vgl. z. B. § 7 Abs. 3 Vorbereitungsdienstgesetz der ELKB: »Ich verspreche, die mir übertragenen Aufgaben treu und gewissenhaft wahrzunehmen. Ich weiß mich an das Evangelium von Jesus Christus gebunden, wie es in der Heiligen Schrift gegeben und in dem Bekenntnis der evangelisch-lutherischen Kirche bezeugt ist. Ich will mich vor Verkürzungen und Verfälschungen der christlichen Botschaft hüten und mich bemühen, mein Verständnis des biblischen Zeugnisses zu vertiefen und mich immer fester darin zu gründen. (...) Ich übernehme diese Verpflichtung im Vertrauen auf die gnädige Hilfe Gottes.«

Z. B. § 7 Abs. 1 Religionspädagogen- und Religionspädagoginnengesetz der ELKB:
»(1)[1] Der Religionspädagoge oder die Religionspädagogin wird durch den Oberkirchenrat oder die Oberkirchenrätin im Kirchenkreis in einem Gottesdienst beauftragt. (…)[3] Im Gottesdienst verpflichtet sich der Religionspädagoge oder die Religionspädagogin, die Rechte aus der Beauftragung nach Schrift und Bekenntnis und gemäß den kirchlichen Ordnungen auszuüben.«

Zur Einführung von Kirchenmusikerinnen und Kirchenmusikern heißt es in der Agende der VELKD:
»zum Dienst einer Kirchenmusikerin/eines Kirchenmusikers in dieser Gemeinde N. gehört es, in Treue gegenüber der Heiligen Schrift und dem Bekenntnis der evangelisch-lutherischen Kirche Mitverantwortung zu tragen für die Gestaltung der Gottesdienste und dabei mit allen zusammenzuarbeiten, die in der Gemeinde Dienst tun. Bist Du dazu bereit, so antworte: Ja, mit Gottes Hilfe.«[6]

Auch die »Vocatio« von Lehrkräften in Religion, die nicht in einem Beschäftigungsverhältnis mit der Kirche, sondern mit dem Staat stehen, setzt die Bereitschaft voraus, den Religionsunterricht nach dem Bekenntnis der Kirche zu erteilen. Damit wird sichergestellt, dass der Religionsunterricht tatsächlich nach den »Grundsätzen« der Kirche erteilt wird, wie es Art. 7 Abs. 3 S. 2 des Grundgesetzes[7] verlangt.

6 Agende IV, Teilband 1 der VELKD für evangelisch-lutherische Kirchen und Gemeinden, 2012, S. 215.

7 Art. 7 Abs. 3 S. 2 GG lautet: »Unbeschadet des staatlichen Aufsichtsrechtes wird der Religionsunterricht in Übereinstimmung mit den Grundsätzen der Religionsgemeinschaften erteilt.«

Dasselbe gilt auch für Personen, die auf andere Weise für die Erfüllung des Auftrages der Kirche eine besondere Verantwortung tragen, z. B. für die in den Kirchenverwaltungen tätigen Kirchenbeamtinnen und -beamten. Auch sie werden bei ihrer Ernennung auf »Schrift und Bekenntnis« verpflichtet.

> Vgl. als Beispiel: § 19 Abs. 1 Kirchenbeamtengesetz der EKD: (1) Kirchenbeamtinnen und Kirchenbeamte haben folgendes Gelöbnis abzulegen: »Ich gelobe vor Gott, den mir anvertrauten Dienst in Bindung an Schrift und Bekenntnis und nach den Ordnungen der Kirche auszuüben, die mir obliegenden Pflichten mit vollem persönlichen Einsatz, treu, uneigennützig und gewissenhaft zu erfüllen und mein Leben so zu führen, dass das Vertrauen in meine pflichtgemäße Amtsführung gewahrt und die Glaubwürdigkeit der Wahrnehmung des kirchlichen Auftrages nicht beeinträchtigt wird.«

Damit stellt das Recht der Kirchen klar, dass es für die Erfüllung der Dienstaufgaben tatsächlich auf den Standpunkt der Mitarbeiterin oder des Mitarbeiters zum Glauben ankommt. Diese Klarstellung ist wiederum Voraussetzung dafür, dass es das staatliche Arbeitsrecht zulässt, bei der Einstellung dieser Mitarbeitenden nach der Religions- und Konfessionszugehörigkeit zu differenzieren (s. Abschnitt 41).

32. Wie ist die Bekenntnisbindung für kirchenleitende Personen festgehalten?

Wie die Mitglieder von Kirchenvorständen/Kirchgemeinderäten und Synoden werden auch die Mitglieder anderer kirchenleitender Organe[8] auf »Schrift und Bekenntnis« verpflichtet. Genauso wie Synodale nehmen sie leitende Funktionen in der »verfassten Kirche« wahr und müssen dabei auf dem Boden gemeinsamer Glaubensüberzeugungen stehen, auf dem diese Kirchen aufbauen.

Eine Sonderrolle nehmen dabei die Bischöfinnen und Bischöfe ein:

Nach evangelisch-lutherischem Verständnis gehört es zum Auftrag der Bischöfinnen und Bischöfe, das Bekenntnis zu wahren. Dies soll genau wie die in Abschnitt 27 beschriebenen Mechanismen dazu dienen, abzusichern, dass die Kirche auch in Zeiten von Unsicherheit und Bewährungsproben »bekennende Kirche« bleibt.

> Vgl. dazu z. B. Art. 51 Abs. 2 S. 1 Verfassung der Evangelisch-Lutherischen Landeskirche Hannovers: »1 Die Landesbischöfin oder der Landesbischof und die Regionalbischöfinnen und Regionalbischöfe tragen insbesondere durch geistliche Leitung und Aufsicht Verantwortung für die Einheit der Kirche und die Ausrichtung aller kirchlichen Arbeit an Schrift und Bekenntnis.«

Sie nehmen dabei das Amt der Lehraufsicht, das nach dem Verständnis der Reformatoren der ganzen Gemeinde obliegt, im Auftrag dieser Gemeinde bzw. der Kirche als Ganzer wahr. Dabei besitzen sie nach evangelischem Verständnis keine hier-

---

8 Landesbischöfin/Landesbischof, Regionalbischöfinnen/Regionalbischöfe, Landeskirchenrat bzw. Oberkirchenrat, Landeskirchenamt, Superintendentinnen/Superintendenten bzw. Dekaninnen/Dekane etc.; welche kirchenleitenden Organe jeweils neben der Synode auf den unterschiedlichen Ebenen der Landeskirchen bestehen und wie sie bezeichnet werden, variiert von Landeskirche zu Landeskirche.

archisch höherstehende Autorität für Lehre oder Wahrheitserkenntnis als die übrigen Träger des Predigtamtes, ja als alle Mitglieder der Kirche mit dem »Priestertum aller Gläubigen«, die als solche ebenfalls umfassend fähig sind, »Lehre zu urteilen«. Aber ihnen ist kraft menschlichen Rechts die Funktion zugewiesen, in diesem Amt für die Gemeinde als Ganze über die Schrift- und Bekenntniskonformität der Lehre und der gesamten Arbeit der Kirche zu wachen. Diese Funktion des evangelischen Bischofsamtes ist damit eine Einrichtung der »rechtlichen Kirchenleitung«, die auf dem Vertrauen ruht, dass es möglich ist, durch Ausbildung und einen Auswahlprozess dafür besonders qualifizierte Personen zu finden. Gleichzeitig steht sie in engstem Zusammenhang mit dem Auftrag der Wortverkündigung und Sakramentsverwaltung, also der »geistlichen Kirchenleitung«, bei der nach CA Art. 28 kein Zwang stattfinden darf. Deshalb ist diese Leitungsaufgabe der Bischöfinnen und Bischöfe so weit wie möglich »sine vi, sed verbo« (»ohne Gewaltausübung, sondern durch das Wort«) zu handhaben.

33. Gilt eine Bekenntnisverpflichtung auch für Professorinnen und Professoren der Theologie?

Professorinnen und Professoren an theologischen Fakultäten (auch Fachbereichen, Instituten etc.) staatlicher Universitäten stehen in Forschung und Lehre nicht in einem Dienstverhältnis zur Kirche, sondern zum Staat. Durch ihr Amt gilt für sie die Wissenschaftsfreiheit (Art. 5 Abs. 3 GG). An kirchlichen Hochschulen ist die Kirche zwar Dienstherrin der Professorinnen und Professoren. Doch setzt die staatliche Anerkennung dieser Einrichtungen als Hochschule voraus, dass in Forschung und Lehre solche Freiräume bestehen, dass sie als Wissenschaft angesehen werden können und deshalb von der Wissenschaftsfreiheit geschützt sind.

Die Wissenschaftsfreiheit schützt sowohl das von Fremdbestimmung freie, planmäßige Suchen nach Wahrheit wie das Recht, das als wahr Erkannte frei von Fremdbestimmung zu vermitteln. Bei Wahrnehmung dieser Freiheit kann es dazu kommen, dass sich eine grundlegende Differenz zeigt im Verständnis des christlichen Glaubens selbst zwischen der Kirche, deren Geistliche an der jeweiligen Fakultät ausgebildet werden, und Lehrenden, dass also eine Professorin oder ein Professor der Theologie die Grundlagen aus »Schrift und Bekenntnis«, an die sich die evangelischen Kirchen binden, in Frage stellt.

In diesem Fall treten *aus Sicht des staatlichen Rechts* die Wissenschaftsfreiheit der oder des Lehrenden und die Religionsfreiheit und das Selbstbestimmungsrecht der Kirchen in einen Konflikt miteinander: Die Kirchen haben ein berechtigtes Interesse daran, dass die Lehre den Boden von »Schrift und Bekenntnis« nicht verlässt; das gilt sowohl für evangelisch-theologische Fakultäten und Fachbereiche wie für evangelische Institute, die zu einer human- oder geisteswissenschaftlichen Fakultät (oder solchem Fachbereich) gehören. Denn es ist Auftrag nicht nur der kircheneigenen Hochschulen, sondern auch der staatlichen theologischen Fakultäten, die »evangelische Theologie« als Wissenschaft zu pflegen und weiterzuentwickeln und für die Ausbildung des Nachwuchses im Pfarramt und der Religionslehrkräfte für den evangelischen Religionsunterricht an staatlichen und kirchlichen Schulen zu sorgen.

Pfarrerinnen und Pfarrer sind nach Recht und Verständnis der evangelischen Kirchen die maßgeblichen Träger des Amtes der öffentlichen Wortverkündigung, besonders sie nehmen die aus evangelischer Sicht zentrale Funktion der Kirche (CA Art. 5) wahr. Auch die Religionslehrkräfte haben eine für die Weitergabe von Glauben und Glaubensleben zentrale Rolle; für viele Mitglieder der Kirchen ist der evangelische Religionsunterricht heute der erste und zeitintensivste Ort einer Auseinandersetzung mit dem Glauben. Der Religionsunterricht ist, obwohl er an staatlichen Schulen stattfindet, nicht nach staatlicher Anweisung, sondern gem. Art. 7 Abs. 3 des Grundgesetzes nach den Grundsätzen der Religionsgemeinschaften zu erteilen – denn der Staat selbst ist religiös-weltanschaulich neutral und damit religiös ›inkompetent‹; er könnte die religiösen Aussagen, die Thema eines Religionsunterrichts sind, nicht formulieren. Daraus folgt, dass die Wissenschaftsfreiheit der Hochschullehrenden im Bereich der Theologie aus Sicht staatlichen Rechts nicht absolut gilt (BVerfGE 122, 89 – Lüdemann), sondern auf der Grundlage staatlicher Gesetze mit der Religionsfreiheit und dem Selbstbestimmungsrecht der Kirchen, auf die die theologische Forschungs- und Lehrtätigkeit Auswirkungen hat, zum Ausgleich gebracht werden muss.

Daraus wiederum folgt, dass die Kirche, auf deren Theologie sich der Unterricht an einer staatlichen Fakultät bezieht, wegen der beschriebenen, tiefgreifenden Einwirkung auf ihr inneres Leben dem Staat gegenüber das Recht hat, vor der Berufung von Professorinnen und Professoren ein Votum über

»Lehre und Bekenntnis« der Bewerberinnen und Bewerber abzugeben. Bei plausibler Ablehnung der Lehre einer Bewerberin oder eines Bewerbers darf eine Berufung nicht erfolgen. Das Bundesverfassungsgericht hat aus dem religionsgemeinschaftlichen Selbstbestimmungsrecht außerdem gefolgert, dass die Kirche das Recht haben muss, die Ausgliederung einer Professorin bzw. eines Professors aus dem ausbildungsrelevanten Lehrbetrieb der Fakultät zu erreichen, wenn sie darlegen kann, dass ihre oder seine Lehre nicht den Grundsätzen der Kirche entspricht, zumindest dann, wenn dem auch die Fakultät zustimmt (BVerfGE 122, 89 – Lüdemann). Das, was der Kirche nach dieser Rechtsprechung an Einwirkung in die Forschung und Lehre an staatlichen theologischen Fakultäten zusteht, muss ihr auch an ihren eigenen Hochschulen erlaubt sein, ohne die Wissenschaftsfreiheit der dortigen Professorinnen und Professoren zu verletzen bzw. den wissenschaftlichen Charakter dieser Einrichtungen mit Auswirkungen auf deren Anerkennung im staatlichen Hochschulrecht in Frage zu stellen.

Für die evangelischen Kirchen stellt sich allerdings die Frage, inwieweit sie von dem durch den Staat eingeräumten Recht, einen Verstoß gegen die eigenen Grundsätze geltend zu machen, Gebrauch machen. Zum einen stehen aus theologischer Sicht Wissenschaftsfreiheit und Bindung an »Schrift und Bekenntnis« nicht in einem Gegensatz, sondern ergänzen einander. Zum anderen ist es schwierig, weil die evangelischen Kirchen kein institutionalisiertes, autoritatives Lehramt haben (und haben können): Die Verantwortung für richtige Lehre obliegt der Kirche »als Ganzer«. Zu ihr gehören auch die wissenschaftlich arbeitenden Theologinnen und Theologen, die kraft ihres Amtes maßgeblich zur Wahrnehmung dieser Verantwortung beitragen. In diesem Sinne stehen die Mitglieder der theologischen Fakultäten nicht neben der Kirche und nehmen ihren Lehrauftrag neben dieser oder im Gegenüber zu ihr wahr: Sie haben vielmehr am Lehrauftrag der Kirche Anteil. Die Kirche hat ein existentielles Interesse an im allgemeinuniversitären Sinne wissenschaftlicher, d.h. zur kritischen Reflexion über bisherige Annahmen fähiger, theologischer Forschung und Lehre. In diesem Sinne ist die Theologie eine Gestalt der Selbstkritik der Kirche.

Die Kirche achtet daher den Beitrag der Theologie zur Verwirklichung des kirchlichen Lehrauftrags. Es entspricht also evangelischem Selbstverständnis, dass kirchliche Stellen die staatlich-rechtlich eingeräumte Möglichkeit, gegenüber Theologieprofessorinnen und -professoren die Schrift- und Bekenntniswidrigkeit der Lehre geltend zu machen, nur äußerst zurückhaltend nutzen. In diesem Sinne stehen Theologie und Kirche in einem gegenseitigen Korrektiv-Verhältnis.

Dennoch gibt es auch für die evangelische Kirche Bereiche, die nach ihrem Selbstverständnis in so hohem Maße konstitutiv sind, dass sie von diesen Rechten Gebrauch machen muss. Das gilt selbstverständlich für den Fall, dass eine Theologieprofessorin oder ein Theologieprofessor etwa zu einer anderen Religion konvertiert und Theologie in diesem Sinne betreibt. Es würde aber auch dann gelten, wenn theologische Forschung und Lehre auf andere Weise die Botschaft des Evangeliums in Frage stellt oder verunklart, um derentwillen die Kirchen nach evangelischem Verständnis bestehen und in der Welt handeln.

34. Was bedeutet das Bekenntnis für den Zusammenschluss lutherischer Kirchen, die VELKD?

Ebenso wie die jeweiligen Verfassungen der evangelisch-lutherischen Kirchen diese Kirchen als Bekenntnisgemeinschaft definieren, ist der Zusammenschluss evangelisch-lutherischer Kirchen – die Vereinigte Evangelisch-Lutherische Kirche Deutschlands (VELKD) – eine Bekenntnisgemeinschaft.

> Die Präambel betont, die Kirchen der VELKD seien »geeint in dem gleichen Bekenntnis.«
>
> Art. 1.1 hält fest: »Die Grundlage der Vereinigten Evangelisch-Lutherischen Kirche ist das Evangelium von Jesus Christus, wie es in der Heiligen Schrift Alten und Neuen Testaments gegeben und in den Bekenntnisschriften der Evangelisch-Lutherischen Kirche, vornehmlich in der ungeänderten Augsburgischen Konfession von 1530 und im Kleinen Katechismus Martin Luthers, bezeugt ist.«

Der Auftrag und die Existenzberechtigung der VELKD, wie bei ihrer Gründung festgelegt wurde, bestehen darin, das spezifisch evangelisch-lutherische Verständnis von Kirche und lutherischer Theologie zu pflegen, auf dieser Basis die Einheit der Mitgliedskirchen zu fördern, den Kontakt mit anderen lutherischen Kirchen und Einrichtungen im In- und Ausland zu pflegen (dabei besonders die lutherische Diaspora zu unterstützen) und die lutherischen Kirchen im ökumenischen Gespräch zu vertreten.

So hält Art. 7 Abs. 1 der Verfassung der VELKD fest: Die Vereinigte Kirche hat folgende Aufgaben:

1. Sie hat die Einheit der Vereinigten Kirche zu fördern.
2. Sie hat *für die Erhaltung und Vertiefung der lutherischen Lehre und Sakramentsverwaltung durch Pflege lutherischer Theologie und durch Beratung der Gliedkirchen in Fragen der lutherischen Lehre, des Gottesdienstes und des Gemeindelebens Sorge zu tragen und die Heranbildung eines bekenntnisgebundenen Pfarrerstandes zu fördern.*
3. Sie hat sich darum zu bemühen, *dass die lutherische Kirche* zu den Fragen und Aufgaben der Zeit in Wort und Tat *die rechte, von Schrift und Bekenntnis geforderte Stellung nimmt.*
4. Sie hat die evangelisch-lutherischen Gemeinden, die sich ihr unmittelbar angeschlossen haben, nach den Grundsätzen des lutherischen Bekenntnisses zu leiten, ebenso die angeschlossenen Auslandsgemeinden.
5. Ihr obliegt die *Fürsorge für die lutherische Diaspora* innerhalb und außerhalb Deutschlands.
6. Sie *unterstützt die Arbeit aller lutherischen kirchlichen Werke*, insbesondere der Diakonie und der Mission.
7. *Sie vertritt in allen gemeinsamen Angelegenheiten die in ihr zusammengeschlossenen Gliedkirchen nach außen, insbesondere auch gegenüber der Ökumene.* 2 Sie kann theologische und rechtliche Erklärungen abgeben.

Entsprechend sind alle Mitglieder der Generalsynode evangelisch-lutherischen Bekenntnisses (Art. 16). In der Verpflichtung zum Mitglied der Synode werden sie gefragt, ob sie ihr Amt als Synodale »in der Bindung an das Evangelium Jesu Christi, wie es in der Heiligen Schrift gegeben und im Bekenntnis der evangelisch-lutherischen Kirche bezeugt ist, führen wollen«.

35. Wie verhalten sich die Gemeinschaft der Kirchen in der EKD als Kirche und die Bekenntnisbindung der Gliedkirchen zueinander?

Die EKD umfasst Kirchen und Gemeinden unterschiedlichen Bekenntnisstandes. Sie ist »als die Gemeinschaft ihrer konfessionsverschiedenen Gliedkirchen« Kirche. Die Gliedkirchen der EKD stehen untereinander in Kirchengemeinschaft im Sinne der Leuenberger Konkordie (Grundordnung der EKD, Art. 1,2). Für die EKD gilt zudem, »dass sie die Bekenntnisgrundlagen der Gliedkirchen und Gemeinden achtet« und voraussetzt, »dass sie ihr Bekenntnis in Lehre, Leben und Ordnung der Kirche wirksam werden lassen« (Grundordnung, Art. 1,1). In dieser Weise stellt die EKD die Einheit der konfessionsverschiedenen Gliedkirchen und Gemeinden dar und fördert sie.

In der Verpflichtung und Segnung der gewählten und berufenen Mitglieder der verbundenen Synode (Generalsynode der VELKD, Synode der EKD, Vollkonferenz der UEK) heißt es dementsprechend in der dafür vorgesehenen Liturgie, gesprochen von der oder dem Ratsvorsitzenden der EKD: »Die Evangelische Kirche in Deutschland ist die Gemeinschaft ihrer lutherischen, reformierten und unierten Gliedkirchen. Zwischen ihnen besteht Kirchengemeinschaft im Sinne der Leuenberger Konkordie. Die Gliedkirchen gewähren einander in der Bindung an die sie verpflichtenden Bekenntnisse und unter Berücksichtigung ihrer Traditionen Gemeinschaft an Wort und Sakrament« (Agende IV, 1, Einführung, S. 250).

36. Ist das Bekenntnis über Deutschland hinaus und in der Ökumene relevant?

Nach evangelischem Verständnis ist die wahre Kirche Jesu Christi da gegenwärtig, wo »das Evangelium rein gepredigt und die heiligen Sakramente laut dem Evangelium gereicht werden« (CA Art. 7). Die Einigkeit in der reinen Verkündigung des Evangeliums und der dem Evangelium gemäßen Verwaltung der Sakramente ist die Bedingung für die Erklärung von Kirchengemeinschaft unter den verschiedenen Kirchen, für die wechselseitige Teilnahme am Abendmahl, den Kanzeltausch und die Anerkennung der kirchlichen Ämter. Wann und wo Einigkeit in der Evangeliumsverkündigung und Sakramentsverwaltung gegeben ist, kann wiederum ohne Rückgriff auf die evangelische Auslegung der Schrift, d. h. ohne das evangelische Bekenntnis (das z. B. eine Entscheidung darüber trifft, welche kirchliche Handlung als »Sakrament« gelten kann, wie Abendmahl und Taufe zu verstehen sind und richtig gefeiert werden usw.), nicht beantwortet werden. Deshalb ist es aus evangelischer Sicht das Bekenntnis, dem eine Auskunft darüber entnommen werden muss, eine wie enge Gemeinschaft mit anderen Kirchen bzw. religiösen Gemeinschaften innerhalb und außerhalb Deutschlands gepflegt werden kann oder sogar gepflegt werden sollte.

Mit anderen Kirchen in der Welt, mit denen in der Predigt des Evangeliums und im Verständnis der Sakramente Übereinstimmung besteht, die also ebenfalls die Kennzeichen der wahren Kirche gemäß CA Art. 7 aufweisen, kann und sollte volle Kirchengemeinschaft (Kanzel- und Abendmahlsgemeinschaft) bestehen, damit die Einheit der Kirche, von der der dritte Artikel des Apostolischen und Nizänischen Glaubensbekenntnisses spricht, auch in der Wirklichkeit der verfassten Kirchen sichtbaren Ausdruck findet. Eindeutig gegeben ist eine so weitgehende Übereinstimmung z. B. im Lutherischen Weltbund (s. Abschnitt 37) oder auch in der Leuenberger Konkordie (s. Abschnitte 18, 19 und 38) festgehalten. Gibt es eine so weitgehende Übereinstimmung nicht, aber eine Übereinstimmung in christlichen Grundaussagen, wie sie im Bekenntnis zu Jesus Christus als dem einen Herrn der Kirche und z. B. in den drei altkirchlichen Glaubensbekenntnissen festgehalten sind, kann eine Kirchengemeinschaft, die als Abendmahlsgemeinschaft und in der Anerkennung der kirchlichen Ämter gelebt wird, nicht bzw. noch nicht bestehen. Dennoch gilt der Ruf zu ökumenischer Zusammenarbeit und Geschwisterlichkeit im Geiste Jesu Christi, »dass sie alle eins seien« (Joh 17,21; vgl. Verse 11 und 22). Denn überall, wo man in solchen Grundüberzeugungen übereinstimmt, ist die Kirche Jesu Christi ein Stück weit sichtbar und folgt aus dem biblischen Gedanken der Einheit der wahren Kirche der Auftrag, an der Überwindung der Trennung zu arbeiten. Darum nennt Eph 4,4-6 sieben Kennzeichen für die Einheit der Kirche: ein Leib und ein Geist, eine Hoffnung, ein Herr, ein Glaube, eine Taufe, ein Gott und Vater aller.

Daher sind immer mehr oder weniger weitgehende Bekenntnistexte die Grundlage verschiedener regionaler und weltweiter Zusammenschlüsse von Kirchen.

37. Bekenntnisgemeinschaft im »Lutherischen Weltbund«

Ein Beispiel eines weltweiten Zusammenschlusses von Kirchen gleichen Bekenntnisstandes ist der 1947 aus Vorgängerorganisationen gegründete »Lutherische Weltbund« (LWB; englisch LWF: Lutheran World Federation): Die Bibel, die altkirchlichen Glaubensbekenntnisse und drei Texte aus der Reformationszeit (Confessio Augustana, Kleiner und Großer Katechismus Martin Luthers) bilden die gemeinsame Bekenntnisgrundlage für 151 lutherische Kirchen aus allen Kontinenten. Was nach einer bloß formalen Grundlage klingt, führt dazu, dass Christinnen und Christen aus diesen Kirchen über alle Kulturgrenzen hinweg Gemeinsamkeiten im Glauben, der Liturgie, Predigt und theologischen Ausbildung entdecken. Weil durch den Bezug auf gemeinsame Bekenntnistexte eine Übereinstimmung im Verständnis des Evangeliums bejaht wird, besteht zwischen den Kirchen des LWB volle Kirchengemeinschaft, das heißt Kanzel- und Abendmahlsgemeinschaft. Die theologische Arbeit des LWB fußt auf der Bekenntnisgemeinschaft und bezieht deren grundlegende Aussagen auf aktuelle Themen wie Ökotheologie oder Gendergerechtigkeit. Insbesondere die zeitangemessene Wahrnehmung lutherischer Identität in den verschiedenen Kontexten der Kirchen weltweit ist dem LWB ein Anliegen.

Auf der Basis des Konkordienbuches gegründet und einem engeren Verständnis von lutherischer Theologie und Ethik verpflichtet ist ein alternativer Zusammenschluss lutherischer Kirchen, der 1993 gegründete »International Lutheran Council«.

38. Die »Gemeinschaft Evangelischer Kirchen in Europa«

Kanzel- und Abendmahlsgemeinschaft besteht auch zwischen den bekenntnisverschiedenen Mitgliedskirchen der »Gemeinschaft Evangelischer Kirchen in Europa« (GEKE), zu der sich seit 1973 etwa einhundert[9] evangelische Kirchen (lutherische, reformierte, unierte, methodistische u. a.) in Europa sowie einige in Übersee zusammengeschlossen haben.

Die Grundlage bildet die »Leuenberger Konkordie« von 1973 (s. Abschnitte 18 und 19). Sie erklärt, dass die in den historischen Bekenntnisschriften ausgesprochenen wechselseitigen Lehrverurteilungen zwischen den verschiedenen evangelischen Konfessionen nicht den gegenwärtigen Stand ihrer Lehre betreffen und dass die Kirchen, die der Konkordie beitreten, aufgrund der in ihr festgestellten Übereinstimmung im Verständnis des Evangeliums einander Gemeinschaft an Wort und Sakrament gewähren.

39. Gemeinschaft zur praktischen Zusammenarbeit: die »Arbeitsgemeinschaft Christlicher Kirchen«

Eine – wenn auch weniger weitreichende – Übereinstimmung in einem christlichen Grundbekenntnis ist die Grundlage für die Zusammenarbeit von evangelischen und nicht-evangelischen Kirchen in Deutschland: Innerhalb Deutschlands haben sich die römisch-katholische, verschiedene evangelische

---

9 Neben Beitritten verändert sich die Zahlengrundlage durch Zusammenschlüsse und einzelne Abspaltungen.

(einschließlich der Kirchen in der EKD), orthodoxe, anglikanische und weitere Kirchen zur »Arbeitsgemeinschaft Christlicher Kirchen in Deutschland« (ACK) zusammengeschlossen. Gemeinsam bekennen diese Kirchen »den Herrn Jesus Christus gemäß der Heiligen Schrift als Gott und Heiland« und den Glauben an den Dreieinigen Gott – die sogenannte »Basisformel« des Ökumenischen Rates der Kirchen (ÖRK, s. den folgenden Abschnitt).[10] Sie sind auf diese Weise als christliche Kirchen miteinander verbunden. Zu den satzungsgemäßen Aufgaben der ACK gehört z. B. die Pflege des ökumenischen Dialogs mit dem Ziel einer weiteren Verständigung und Annäherung und die Vertretung gemeinsamer christlicher Anliegen gegenüber politischen Institutionen und in der Öffentlichkeit. Die auf dieser Grundlage gewonnene Gemeinschaft zwischen den Kirchen in der ACK hat auch verschiedene praktische Auswirkungen: So können z. B. nach der »Richtlinie« der EKD »über kirchliche Anforderungen der beruflichen Mitarbeit in der EKD und ihrer Diakonie« (sog. »Loyalitätsrichtlinie«) zwar Aufgaben in der Verkündigung, der Seelsorge und der evangelischen Bildung nur Mitarbeiterinnen und Mitarbeitern übertragen werden, die einer Gliedkirche der EKD oder einer Kirche angehören, die mit der EKD in Kirchengemeinschaft verbunden ist. Jenseits dessen können aber, sogar als Dienststellenleitung, auch Personen eingestellt wer-

10 Konkret ist die Bekenntnisgrundlage der ACK in § 1 1.2 der »Satzung der Arbeitsgemeinschaft Christlicher Kirchen in Deutschland e. V.« mit den Worten formuliert: »Sie bekennen den Herrn Jesus Christus gemäß der Heiligen Schrift als Gott und Heiland und trachten darum, gemeinsam zu erfüllen, wozu sie berufen sind, zur Ehre Gottes, des Vaters, des Sohnes und des Heiligen Geistes.«

den, die Glieder einer christlichen Kirche sind, die der ACK oder der Vereinigung evangelischer Freikirchen angehört. Diese sogenannte »ACK-Klausel« findet sich nicht nur im Arbeitsrecht der EKD, sondern auch im eigenen Arbeitsrecht der Landeskirchen. Sie zeigt, dass die evangelischen Kirchen inzwischen davon ausgehen, dass viele ihrer Aufgaben, besonders in der Diakonie, selbst solche leitender Natur, auch von Menschen wahrgenommen werden können, die auf der Basis des oben genannten christlichen Grundbekenntnisses stehen, das die ACK eint. Wer dagegen aus einer solchen Kirche ausgetreten ist, ohne einer anderen dieser Kirchen oder einer Kirche innerhalb der »Vereinigung evangelischer Freikirchen« beizutreten, von dem wird vermutet, dass sie oder er sich von diesem Glauben abgewandt hat. Dies steht einer Mitarbeit in Kirche und Diakonie entgegen. – An einzelnen theologischen Fakultäten ist die Zugehörigkeit zu einer Kirche der ACK Voraussetzung für die Zulassung zur Promotion.

In der Diakonie werden angesichts steigender religiöser Pluralität in Deutschland auch Menschen nichtchristlichen Glaubens in solchen Bereichen eingestellt, die nicht mit eigens wahrzunehmenden Verkündigungsaufgaben verbunden sind. Arbeitsrechtlich haben sowohl europäische wie verfassungsrechtliche Urteile (s. Abschnitt 41) sowie die Positionierung verschiedener Gewerkschaften diese Entwicklung eingefordert. Theologisch gibt es offene Fragen, da auch das helfende Handeln als Ausdruck christlicher Existenz im Sinne der Bekenntnisse gesehen wird. Eine grundsätzliche Ablehnung von Kirche und Glauben seitens der Personen, die in der Diakonie arbeiten möchten, ist jedoch als Ausschlusskriterium für eine Anstellung rechtlich allgemein anerkannt.

40. Bekenntnisgemeinschaft ohne Bekenntnistexte im »Ökumenischen Rat der Kirchen«

Auf dem Bekenntnis zu Jesus Christus als Herrn, Gott und Heiland gemäß der Heiligen Schrift und zu Gott als Vater, Sohn und Heiligem Geist (»Basisformel« des ÖRK; s. Art. I Verfassung des Ökumenischen Rates der Kirchen) ruht auf internationaler Ebene die weltweite Zusammenarbeit christlicher Kirchen im 1948 gegründeten »Ökumenischen Rat der Kirchen«, der gegenwärtig 356 Mitgliedskirchen und 580 Millionen Christinnen und Christen weltweit vereint.

41. Ist das »Bekenntnis« der Kirche für ihre Wahrnehmung und Behandlung von außen, insbesondere durch den Staat, von Bedeutung?

Dass eine Kirche bzw. Religionsgemeinschaft überhaupt gemeinsame Bekenntnisgrundlagen, d. h. gemeinsame, nach außen erkennbare und nachvollziehbare Glaubensüberzeugungen hat, ist auch aus Sicht des Staates und seines Rechts von grundlegender Bedeutung:

Von dem Vorliegen gemeinsamer Bekenntnisgrundlagen macht das staatliche Recht abhängig, ob es eine Vereinigung als »Religionsgemeinschaft« anerkennt und dieser die besonderen Rechte von Religionsgemeinschaften zukommen. Solche besonderen Rechte reichen von der »korporativen Religionsfreiheit« gemäß Art. 4 Abs. 1, 2 Grundgesetz (GG) über das »religionsgemeinschaftliche Selbstbestimmungsrecht« gemäß

Art. 140 GG in Verbindung mit Art. 137 Abs. 3 Weimarer Reichsverfassung (WRV) bis hin zum Recht auf Religionsunterricht oder Anstaltsseelsorge. Die Rechtsprechung, z. B. des Bundesverwaltungsgerichts, definiert eine »Religionsgemeinschaft« als »Verband, der die Angehörigen ein und *desselben Glaubensbekenntnisses* oder mehrerer *verwandter Glaubensbekenntnisse* zu allseitiger Erfüllung der durch das *gemeinsame Bekenntnis* gestellten Aufgaben zusammenfasst«.[11] Ohne eine religiöse Überzeugung, die sie eint und ihren Auftrag bzw. ihre Aufgaben definiert, kann eine Gemeinschaft durch den Staat nicht als Religionsgemeinschaft anerkannt werden.

Das »Bekenntnis« der Kirche hat außerdem Bedeutung für die Erteilung des Religionsunterrichts in staatlichen Schulen, den das Grundgesetz in Art. 7 Abs. 3 garantiert: Aus dem »Bekenntnis« ergibt sich der Inhalt der »Grundsätze« für diesen Unterricht, die die Religionsgemeinschaften nach Art. 7 Abs. 3 S. 2 GG bestimmen dürfen und müssen. Wo es an einer Religionsgemeinschaft fehlt, die in der Lage ist, »Grundsätze« für einen solchen Unterricht zu formulieren, ist auch eine verfassungskonforme Erteilung dieses Unterrichts unmöglich. Dieses Problem stellte sich in jüngerer Vergangenheit bei den Versuchen, islamischen Religionsunterricht zu etablieren. Der Staat selbst kann solche Grundsätze nicht definieren und vorgeben, denn er ist religiös-weltanschaulich neutral.

Ob die Kirche Bekenntnisgrundlagen hat und plausibel machen kann, dass die Übereinstimmung mit diesen Grundlagen Voraussetzung für die Wahrnehmung von Aufgaben in der Kirche ist, hat schließlich Auswirkungen darauf, ob sie bei

11 Vgl. nur BVerwGE 123, 49 (54).

der Einstellung von Arbeitnehmerinnen und Arbeitnehmern nach der Religionszugehörigkeit differenzieren darf. Eine solche Differenzierung, d. h. die ausschließliche oder bevorzugte Einstellung evangelisch-lutherischer, evangelischer oder auch nur christlicher Mitarbeitender, kommt nach dem geltenden Arbeitsrecht nur noch in Betracht, wenn die Religionszugehörigkeit »nach der Art dieser Tätigkeiten oder der Umstände ihrer Ausübung eine wesentliche, rechtmäßige und gerechtfertigte berufliche Anforderung angesichts des Ethos der Organisation darstellt.«[12] Gibt es keine gemeinsame Grundlage als »Ethos« der Religionsgemeinschaft, aus dem sich nachvollziehbar ableiten lässt, dass für eine bestimmte Tätigkeit eine bestimmte religiöse Überzeugung erforderlich ist,

---

12 S. Art. 4 Abs. 2 S. 1 Gleichbehandlungs-Rahmenrichtlinie der Europäischen Union. – Man kann also sagen, dass das Arbeitsrecht nicht mehr für jede Mitarbeiterin und jeden Mitarbeiter kirchlicher Einrichtungen, sondern nur noch bei »Tendenzträgerinnen« und »Tendenzträgern« im Sinne dieser Bestimmung eine Unterscheidung nach der religiösen Überzeugung erlaubt. Deshalb muss nun unbedingt nachvollziehbar begründet werden, wer zu diesen gehört, d. h. bei welchen Tätigkeiten es auf eine bestimmte religiöse (evangelisch-lutherische, evangelische, christliche ...) Überzeugung ankommt. Das bedeutet aber nicht, dass das Recht die Kirchen und ihre Einrichtungen generell »Tendenzbetrieben« (s. § 118 Abs. 1 Betriebsverfassungsgesetz) gleichstellt. Die Gleichbehandlungs-Rahmenrichtlinie sieht mit Art. 4 Abs. 2 gerade eine Sonderregelung für kirchliche bzw. religionsgemeinschaftliche Beschäftigungsverhältnisse vor, die sich von der allgemeinen Regelung in Art. 4 Abs. 1 der Richtlinie abhebt. Bei ihrer Auslegung ist den besonderen verfassungsmäßigen Rechten der Kirchen und Religionsgemeinschaften (der Religionsfreiheit und dem religionsgemeinschaftlichen Selbstbestimmungsrecht) Rechnung zu tragen. Vgl. jetzt M. Droege/U. Heckel (Hg.), »Kirche ohne Mitglieder?« Nachdenken über die Rechtsgestalt korporativer Religion, Zugehörigkeit und Mitgliedschaft angesichts der Profilbildung in der Diakonie (URR), Tübingen 2024.

darf die religiöse Überzeugung bei der Einstellung von Arbeitnehmerinnen und Arbeitnehmern keine Rolle mehr spielen.

III. Wo spielt das »Bekenntnis« eine Rolle in Gottesdienst und Gemeindeleben?

Dieses Kapitel behandelt zunächst allgemeine Fragen zum unmittelbaren Bezug des »Bekenntnisses« und der »Bekenntnistexte« zum Gemeindeleben (Abschnitte 42 und 43). – Eine Veranschaulichung und Vertiefung einiger neuer Aspekte erfolgt anschließend exemplarisch, und zwar am Beispiel der Arbeit mit Jüngeren in Kirchengemeinden (Abschnitte 44–49). Diese Veranschaulichungen und Vertiefungen finden sich auch in anderen Bereichen des Gemeindelebens, werden in der Arbeit mit Jüngeren jedoch grundgelegt. – Weiterführende generelle Aspekte schließen das Kapitel ab (Abschnitte 50–52).

Dass etwas ausführlicher die gemeindliche Bildungsarbeit und die Funktion der Bekenntnisse in der Identitätsbildung von Jugendlichen dargestellt werden, hat seinen Grund in der Sammlung der reformatorischen Bekenntnisse selbst: Diese enthält ebenso wie die reformierten Bekenntnisse Katechismen. Katechismen sind selbst keine formellen Bekenntnisse, sondern Auslegungen der Bekenntnistexte. Sie haben das Ziel, insbesondere Kinder und Jugendliche, aber auch andere Interessierte, einzuweisen in Lebensbewegung und Selbstverständnis, die dem Evangelium entsprechen. Ein Beispiel: Das Apostolische Glaubensbekenntnis wird, neben anderen Aspekten, auch als Anleitung zum Selbstverständnis ausgelegt: An den Schöpfer zu glauben, heißt nicht, zu wissen, wie die Welt entstanden ist, sondern: »Ich glaube, dass Gott mich geschaffen hat« und mich beschenkt – also eine Einweisung in das glaubende, dankbare Leben; ähnlich verfährt Luther in der Auslegung der anderen Glaubensartikel.

In der Reformationszeit belegte die Aufnahme der Katechismen in die Sammlung der Bekenntnisschriften das Bewusstsein für die Aufgabe, das Evangelium von Christus lebensgestaltend zu vermitteln. Dem dient das Lehrbuch des Kleinen Katechismus. Der Große Katechismus ist dazu sozusagen das Lehrerhandbuch: die Einweisung von Hauseltern, Pfarr- und Lehrpersonen für diese Aufgabe. Die Vermittlungsaufgabe selbst gehört wesentlich zum Bekenntnis dazu, denn es verpflichtet die Verkündigenden darauf, das Evangelium von Christus so auszurichten, dass Glauben, auch im Sinne von Lebensvertrauen, entsteht.

42. Kommt das Bekenntnis in der praktischen kirchlichen Arbeit vor?

»In dem Bekenntnis sind alle Antworten des Glaubens in eigentümlicher Weise konzentriert.«[13] Sich zu bekennen, gehört darum zu den elementaren Ausdrucksformen persönlichen Glaubens wie kirchlicher Gemeinschaft (Röm 10,8). Dies zeigt sich vielleicht am deutlichsten im gemeindlichen Gottesdienst: Da spricht ein »Ich«, das ebenso jeden getauften Menschen einzeln wie das »Ich« der Gemeinde meint, als *Antwort* auf das Evangelium oder (in anderen Traditionen) auf das verlesene und ausgelegte Wort der Schrift: »Ich glaube an Gott, den Vater.« Oder ein gemeindliches »Wir« singt z. B. mit EG 184 »Wir glauben Gott im höchsten Thron«. Auch andere Stücke im Gottesdienst haben den Charakter von Bekenntnissen: Wir bekennen uns zum Dreieinigen Gott, z. B. mit dem »Ehr' sei dem Vater« im Anschluss an den Psalm (Gloria Patri) oder dem »Ehre sei Gott«

---

13 Schlink, Edmund: Die Struktur der dogmatischen Aussage als ökumenisches Problem, in: KuD 3 (1957), 165–220, 174.

als Höhepunkt des Anrufungsteils in der Liturgie (Gloria in excelsis). Wir bekennen auch unsere Sünde, worin Martin Luther das beste Bekenntnis sah (WA 3, 378,24). Dass das Bekenntnis für Christenmenschen einen hohen Preis haben kann, machen Gemeinden deutlich, die für solche beten, die in ihren Ländern auf Grund ihres christlichen Bekenntnisses benachteiligt oder verfolgt werden. So lehrt, lobt und betet die Gemeinde durch ihr Bekenntnis im Gottesdienst.

Fester Bestandteil kirchlicher Praxis ist auch die Besprechung von Bekenntnissen und die Einübung in das Bekennen im kirchlichen Katechumenat: in der Taufvorbereitung, in Kursen zum Glauben oder in der Konfirmandenarbeit. Ein wesentlicher Aspekt der Konfirmation ist das Bekenntnis des christlichen Glaubens (Apostolikum) durch die Konfirmandinnen und Konfirmanden vor Gott und der Gemeinde. Hier zeigt sich aber auch, wie fremd Texte aus der Tradition für Heranwachsende und für Suchende sein können, so dass die traditionellen Texte der jeweiligen Zielgruppe angemessen erklärt und auch immer wieder neue Ausdrucksformen des christlichen Bekenntnisses gesucht und eingesetzt werden. Dennoch sind die geprägten Texte, neben den bisher gezeigten Funktionen, auch eine Brücke in die weltweite Gemeinschaft der Glaubenden, sogar über Zeit und Raum hinweg.

Nachhaltig wirkmächtiger, aber weniger offensichtlich prägen Aussagen der Bekenntnistexte die Gemeindearbeit, z. B. wenn Formen der Beteiligung, der Wert eigenständiger Glaubensaussagen u. v. m. den in den Bekenntnisschriften festgehaltenen Grundsätzen folgen. Die »Leitlinien kirchlichen Lebens« (VELKD 2003) zeigen viele dieser Zusammenhänge auf. Mittelbar sind die Bekenntnistexte Grundlage aller kirchlichen Arbeit (s. Abschnitte 3 und 25). Schließlich können die historischen Texte auch Teil der Gemeindearbeit sein und in Gruppen und Kreisen besprochen werden.

43. Haben das (altkirchliche) »Glaubensbekenntnis« im Gottesdienst und die reformatorischen Bekenntnisschriften einen unterschiedlichen Rang?

Im Gottesdienst werden zwei Glaubensbekenntnisse verwendet: als »gängiges« das Apostolische Glaubensbekenntnis (»Apostolikum«), das in jedem Gottesdienst gesprochen wird, dazu das »Nizäno-Konstantinopolitanum« (je nach Ausgabe EG 804/805 oder 903/904). Das dritte der altkirchlichen Bekenntnisse, das sogenannte »Athanasianum«, wurde und wird hingegen nicht im Gottesdienst verwendet (s. Abschnitte 8, 10 und 11).

Daran lässt sich bereits erkennen, dass viele Bekenntnisse faktisch eine doppelte Funktion auch in der Gemeindearbeit haben:

Zum einen ermöglichen sie das gemeinsame Einstimmen der gottesdienstlichen Gemeinde in das Bekenntnis der *einen* Kirche Jesu Christi zu allen Zeiten und an allen Orten. Dies geschieht gerade nicht durch individuelle Formulierungen (sei es in Aufnahme beispielsweise eines Bonhoeffertextes oder auch eines im Konfirmandenunterricht entstandenen Textes), sondern in der Zuordnung zum überlieferten, althergebrachten Bekenntnis, aber im Sinne der authentischen Aussprache einer inneren Bindung. Das gilt für das Apostolische Glaubensbekenntnis, das in den westlichen Kirchen, gerade im evangelischen Christentum, das reguläre gottesdienstliche Bekenntnis und das Taufbekenntnis ist. Im evangelischen Christentum weniger gebräuchlich, zumeist nur an hohen Festtagen oder in Gottesdiensten mit starker Beteiligung orthodoxer Gläubiger verwendet, ist das Bekenntnis von Nizäa und Konstantinopel (»Nizäno-Konstantinopolitanum«), das aber in den Kirchen der Orthodoxie das einzige reguläre Bekenntnis ist und auch in der katholischen Messliturgie neben dem Apostolikum seinen festen Ort hat.

Zum anderen haben die meisten Bekenntnisse eine zweite Funktion, nämlich in der Auseinandersetzung mit Gegenpositionen. Sie versuchen entweder mit höchster Präzision und Trennschärfe die Einsicht in die Wahrheit des Glaubens zu formulieren oder bieten eine Einheitsformel, die Widersprüche überbrückt. Das Nizäno-Konstantinopolitanum nimmt beide dargestellten Funktionen wahr. Das (Pseudo-)Athanasianum und die reformatorischen Bekenntnisse haben und hatten nicht die Funktion, individuelle oder kollektive Glaubensbindung im Gottesdienst auszusprechen. Vielmehr formulieren sie (im Falle der reformatorischen Bekenntnisse) einen Konsens über ein Schriftverständnis, das die Verkündigung und die rechte Feier der Sakramente leitet.

Im Zentrum der reformatorischen Bekenntnisse steht die Einsicht in das Evangelium von der bedingungslosen Rechtfertigung des Sünders durch Gottes Selbsteinsatz in Jesus Christus. Die Reformatoren erheben den Anspruch, dass dies keine neue Einsicht ist, sondern die »Mitte der Schrift«: der den Glauben und damit die Kirche begründende Gehalt der Verkündigung und Sakramentsverwaltung, der bereits in den Bekenntnissen der Alten Kirche zum Ausdruck kommt und die Grundlage der Gemeinschaft der Glaubenden ausspricht.

44. Bekenntnis und Konfession im Zusammenhang der Taufe

In der Taufe wird uns das Heil von Jesu Christi Tod und Auferweckung zugeeignet (vgl. z. B. Röm 6,3–6); im Bekenntnis bejahen wir, was Jesus Christus für uns getan hat. Wir eignen uns existenzbestimmend an, was uns geschenkt wurde.

Martin Luther hat im »Taufbüchlein« (1526) den Geistlichen aufgetragen, dass sie vor dem eigentlichen Taufakt den Täufling, also in aller Regel den Säugling, anreden und fragen: »Glaubst du an Gott, den allmächtigen Vater?« »Durch seine Paten« sollte das Kind sich bekennen: »Ja.« Ebenso sollte es mit dem zweiten und dritten Glaubensartikel gehen.[14] Die Absicht ist klar: Keine Taufe ohne Bekenntnis des Glaubens!

Heutige Taufagenden und Taufbücher halten am Zusammenhang von Taufe und Bekenntnis fest. Eltern sowie Patinnen und Paten sprechen mit der versammelten Gemeinde das Apostolische Glaubensbekenntnis. Nachdem Eltern sowie Patinnen und Paten ihren Taufwunsch bekräftigt und sich zur christlichen Erziehung des Täuflings verpflichtet haben, heißt es z. B.: »Wir vertrauen uns und dieses Kind dem dreieinigen Gott an. In seinem Namen tauft die ganze Christenheit auf Erden. Wir widersagen der Macht des Bösen und bekennen gemeinsam den Glauben, in den N. N. hineinwachsen möge.«

Was hier in die Einleitung zum gemeinsamen Sprechen des Glaubensbekenntnisses eingefügt ist, kann auch als

---

14 VELKD, Amt der: Unser Glaube. Die Bekenntnisschriften der evangelisch-lutherischen Kirche. Ausgabe für die Gemeinde, Gütersloh, 6., völlig neu bearbeitete Aufl. 2013, 499.

eigenständiges »Gegen-Bekenntnis«, als »Absage von der Macht des Bösen« zum Ausdruck gebracht werden, z. B.: »Sagst du der Macht des Bösen ab und willst du Christus als deinem Herrn zugehören? Antwort: Jesus Christus soll mein Herr sein. Darum sage ich der Macht des Bösen ab.«

Es gibt auch wie in Luthers »Taufbüchlein« die Möglichkeit, dass die Liturgin bzw. der Liturg die einzelnen Glaubensartikel (in Kurzform oder vollständig) nennt und der Täufling oder Eltern und Patinnen und Paten sich durch ihr Ja dazu bekennen: »Ja, wir glauben.« Oder die Gemeinde antwortet auf jeden Artikel des Glaubensbekenntnisses mit einem Kehrvers: »Wir glauben an Gott, wir loben den Herrn. Amen.«

In der Taufagende der VELKD findet sich zusätzlich ein »Kinder-Credo«: »Ich glaube an Gott, den Vater, der den Himmel und die Erde gemacht hat und auch mich. Alles hält er in seiner Hand. Ich glaube an Jesus Christus. Er ist Gottes Sohn. Er ist ein Mensch geworden wie wir. Er ist gestorben, aber er hat den Tod besiegt. Er lebt bei Gott. Ich glaube, dass Gottes Geist bei mir ist und mich beschützt. In der Kirche trifft sich die Familie Gottes. Durch die Taufe gehöre auch ich dazu. Gott ist immer für mich da, auch wenn ich etwas Schlimmes getan habe. Ich muss keine Angst haben. Wer stirbt, kommt zu Gott und lebt für immer bei ihm. Amen.«

Im Blick auf die Taufe von Säuglingen sollen familiäre Einübung des Glaubens und gemeindliche Begleitung bis hin zur Konfirmation dem Täufling helfen, sich das Bekenntnis des Glaubens auch selbst anzueignen und mit eigenem Mund zu bekennen, d. h. im Glauben mündig zu werden. Eltern und Patinnen und Paten bekennen sich im Taufgottesdienst dazu, diesen Weg fördernd zu begleiten.

Das Bekenntnis ist aber nicht nur ein liturgisches Element einer Taufe, das nur im Notfall ausfallen sollte, vielmehr ist die Taufe selbst auch Thema des Bekenntnisses. Im Nizäno-Konstantinopolitanum heißt es darum auch: »Wir bekennen die eine Taufe zur Vergebung der Sünden.« Durch das altkirchliche Bekenntnis wird der ökumenische Charakter der Taufe sichtbar (vgl. Eph 4,5: »eine Taufe«). Zugleich wird ein Täufling nicht nur in die weltweite Gemeinschaft der Glaubenden hinein getauft. Sondern sie oder er wird Glied einer bestimmten Konfession, z. B. der evangelisch-lutherischen, und zugleich Mitglied einer Ortsgemeinde. Mit einer gemeinsamen Erklärung 2007 (Magdeburger Erklärung) erkennen die allermeisten Kirchen in Deutschland die Taufen gegenseitig an, sofern sie mit Wasser und im ausgesprochenen Namen »Gottes, des Vaters, des Sohnes und des Heiligen Geistes« stattgefunden haben. Dieses Basisbekenntnis muss jede Christin und jeder Christ kennen, da sie oder er bei absoluter Unerreichbarkeit einer Pfarrerin bzw. eines Pfarrers oder anderen mit der Sakramentsverwaltung beauftragten Menschen auch eine Nottaufe durchführen darf.

45. Identitätsentwicklung und Bekenntnis: Beispiel Konfirmation

Die Auseinandersetzung mit Bekenntnissen fördert die Identitätsentwicklung. Jugendliche z. B. werden in der Konfirmationszeit nach ihrer Position gefragt: Wählen sie die Zugehörigkeit oder lieber die Distanz zum evangelischen Glauben? Faktisch wird die Bekenntnisfrage beim Kasus der Konfirmation jedoch nicht immer zum Entscheidungskriterium, diesen Ritus für sich zu wählen. Manche können ihn auch einfach feiern, mit einer durchaus als indifferent oder noch unentschieden zu nennenden Haltung zu Glaube und Kirche. Dies ist – insbesondere auf den Orientierungsfaktor Religion bezogen – in einer multioptionalen Welt nicht außergewöhnlich.

Dazu verspricht die explizite Bindung an eine konkrete Religionsgemeinschaft nicht nur neue Spielräume, sondern scheint vielmehr gerade solche auch zu verschließen: Wieso sollte man sich ausgerechnet in der Lebensphase, in der die eigene Autonomie und das Verlangen nach Selbstbestimmung für das eigene Lebensgefühl zentral werden, einem Bekenntnis zu einer Religionsgemeinschaft anschließen? Scheint sie doch gerade die Hüterin von Moralvorstellungen und Glaubenskulturen, die eher Heteronomie als Autonomieförderung verspricht?

Wo die evangelische Jugendarbeit auf gruppenbezogene Aktivitäten setzt, können Jugendliche andererseits erfahren, wie und dass Türen zu einem Leben eröffnet werden, das ausdrücklich auf eine gemeinsam geteilte Grundlage im Glauben bezogen ist. Hier dazuzugehören, gibt Orientierung, nicht zuletzt deshalb, weil gemeinsame Aktivitäten und das Sprechen über existentielle Fragen das Leben zu strukturieren helfen.

Doch wiederum: Für viele Jugendliche scheint die Verbindung zwischen der Konfirmation als einem ersten öffentlichen Ort des persönlichen Bekenntnisses und der Bindung an einen Gott, der sie in ihrem Leben begleitet, nicht unbedingt erwägenswert: Ist es denn überhaupt nötig, sich öffentlich zum christlichen Glauben zu bekennen? Ist dieser sowie auch das Bekenntnis zu ihm nicht eher Privatsache und unterstelle ich mich mit dem Bekenntnis in der Konfirmation nicht vielmehr ›nur‹ der kirchlichen Kontrolle?

Für viele Jugendliche dürfte ein Bekenntnis in vieler Hinsicht eine durchaus ambivalente Positionierung sein: einerseits fremd in der Forderung nach Eindeutigkeit, andererseits attraktiv in der Eröffnung sozialer Einbettung und Gruppenzugehörigkeit.

Dies wird nicht zuletzt auch anhand der eigensinnig historischen und zugleich aktuellen Bedeutung der Bekenntnisse sichtbar: Sie verbinden mit Menschen, die gegenwärtig mit uns, aber eben auch schon vor uns geglaubt und sich demselben Bekenntnis angeschlossen haben. Dabei können Verbindungen zu Menschen entstehen, die im unmittelbaren Umfeld leben oder gelebt haben (signifikante Andere). Daneben können Verbindungen zu jenen aufgenommen werden, die aus sozialen, politischen, kulturellen (musikalischen oder künstlerischen) oder auch wirtschaftlichen Gründen für Menschen in ihrer Religionspraxis wichtig geworden sind (generalisierte Andere).

Immer weniger Kinder und Jugendliche wachsen allerdings in Familien auf, in denen sie Gelegenheiten haben, von Erfahrungen mit dem gelebten Glauben zu hören, z. B. wenn eine Großmutter ihrem Enkel sagt, was sie in ihrem Leben durch schwere Zeiten hindurch getragen hat. Es ist zwar nicht selbstverständlich, aber für die eigene glaubende Identität förderlich, mit Eltern und Großeltern, vielleicht sogar Urgroßeltern aufzuwachsen, die sich im Alltag und in Gottesdiensten an Festtagen für Kinder und junge Erwachsene sichtbar zum Glauben bekennen und so zum Vorbild für einen selbst werden. Es ist ebensowenig selbstverständlich, aber existentiell hilfreich, dass Kinder und Jugendliche in kulturellen Kontexten aufwachsen, in denen sie z. B. medial Exempel lebensdienlicher Religionspraxen kennenlernen. Vor diesem Hintergrund gewinnt Religionsunterricht noch einmal eine steigende Bedeutung, die in den neuen Konzeptionen von Religionsunterricht aufgenommen wird.

46. In welcher Beziehung stehen Konfirmationen zum »Bekenntnis« einer Konfession?

Es ist ein besonderes, für viele nahezu einmaliges Erlebnis, wenn Eltern und Kinder, etwa am Vorabend der Konfirmation, gemeinsam Abendmahl feiern und in diesem Gottesdienst auch gemeinsam in relativer Nähe zueinander das Glaubensbekenntnis sprechen. Die Konfirmation ist eine Gelegenheit, die familiäre Frömmigkeit zu kultivieren, zu festigen und sichtbar zu machen. Nicht zu vergessen sind aber ebenso die vielen Jugendlichen, die auf eigenen Antrieb hin, durchaus auch aus nichtreligiösen Familien kommend, die Konfirmation wählen. Für sie ist das Bekenntnis zum Glauben und die Feier der Konfirmation ein Akt der Selbstbestimmung im Gegenüber zur Familie.

Ob mit oder ohne Familie: Konfirmandinnen und Konfirmanden legen bei ihrer Konfirmation ein Bekenntnis zum Glauben an Jesus Christus ab und sprechen damit ein »Ja« zu ihrer überwiegend als Kleinkind erfolgten Taufe. Mit der Konfirmation in einer Kirche und Gemeinde, die zu einem bestimmten Bekenntnis gehören, werden sie in diese Bekenntnisgemeinschaft hinein konfirmiert. Es ist kaum zu unterschätzen, welche Bedeutung es für die Kirchen hat, dass und wenn Jugendliche sich persönlich zum christlichen Glauben bekennen. Sie sind es, die die Konfession am Leben erhalten. Hört dieses Bekenntnis auf, endet auch die Existenz der Konfession. Ein solches Bekenntnis, das innerhalb eines öffentlichen liturgischen Aktes gesprochen wird, findet statt, wo Jugendliche mit ihrer Kinder- oder Jugendlichentaufe zur Konfirmation kommen oder wenn eine Gemeinde Eingetretene in einem besonderen Gottesdienst begrüßt. Es entfällt in aller Regel, wenn Jugendliche oder Erwachsene ihre Kirchenmitgliedschaft nur auf einem Bürgeramt oder in einer kirchlichen Eintrittsstelle dokumentieren.

Die wenigsten Lehrwerke der Konfirmandenarbeit gehen auf den Bekenntnisbezug einer Gemeinde ein: Sie informieren, wenn überhaupt, nur allgemein über »evangelische« und »katholische« Kirchen (und vielleicht andere). Es ist Pfarrerinnen und Pfarrern oder anderen, die mit den Konfirmandinnen und Konfirmanden arbeiten, überlassen, ob sie zusätzlich auf eine lutherische, reformierte oder unierte Bekenntnisorientierung hinweisen. Zuweilen kommen diese Hinweise im Rahmen der Gesangbuch-Kunde vor. Hier sind bis heute Katechismen der verschiedenen Konfessionen zugänglich. In Gebieten, in denen verschiedene konfessionelle Prägungen aneinandergrenzen oder wie in den unierten Kirchen miteinander gelebt werden, ist gegebenenfalls noch ein Wissen über solche Bekenntnisbildungen aufzufinden. Zuweilen gibt es auch Fragen, die Konfirmandinnen und Konfirmanden aus eigener Beobachtung und aufgrund von Erzählungen der älteren Generation hierzu stellen. Wichtigeres Anliegen der

Lehrwerke zur Konfirmandenarbeit ist jedoch, Abgrenzungen zu überwinden und das Gemeinchristliche, manchmal auch das Gemeinevangelische, herauszustellen. Im Rahmen der gesellschaftlich gewachsenen Sensibilität für die Anerkennung und Gleichberechtigung von Minderheiten, welcher kulturellen Herkunft auch immer, steigt hingegen das Bewusstsein dafür, dass die Vielfalt der christlichen Konfessionen ein zu bewahrendes und zu förderndes kulturelles Gut der Gesellschaft ist. Insofern ist für eine Thematisierung der Bedeutung des Bekenntnisses für die Konfirmation zu werben.

47. Anfragen von Jugendlichen an Bekenntnistexte

Das Apostolische Glaubensbekenntnis, das für evangelische Jugendliche insbesondere bei der Konfirmation ins Bewusstsein tritt, macht es nicht sehr leicht. Viele Textstellen sind schwer einsehbar – und das Bekenntnis soll doch mit Hingabe und Herzenslust gesprochen werden können. Dementgegen fällt es vielen Jugendlichen schwer, sich die geprägten Worte und Bilder anzueignen. Zur Annäherung an ein besseres Verstehen haben viele Pfarrerinnen und Pfarrer innerhalb der Konfirmandenarbeit Jugendliche selbst Bekenntnisse verfassen lassen oder Formulierungen aufgegriffen, die aus dem 20. oder 21. Jahrhundert stammen. Es lag sozusagen im Trend einer hermeneutisch orientierten Religionspädagogik, das Verstehen der Worte so gut wie möglich zu fördern.

Doch möglicherweise ist die große, weltumspannende, an eine »Mythologie« erinnernde sprachliche Gestalt etwa des

Apostolischen Glaubensbekenntnisses in Zeiten, in denen filmisch oder in Gaming-Kulturen z. B. im Bereich der »Fantasy-Kulturen« oder großen Sagas ebenfalls umfassende Mythen inszeniert werden, gar nicht so unverständlich wie oft angenommen.

Man wird mit verschiedenen ›Typologien‹ von Jugendlichen zu rechnen haben, wenn es um ihre Anfragen an Bekenntnistexte geht:

1) die gegenüber Bekenntnisinhalten eher indifferenten und auf den Genuss ästhetischer Erfahrungen konzentrierten Jugendlichen;
2) jene, die im christlichen Glauben auch ein Bekenntnis zu einem nachhaltigen Engagement für die Schöpfung sehen;
3) jene, die eine moralische Orientierung für ihr Leben brauchen und sich zu einer Wahrheit bekennen möchten;
4) jene, die eine grundsätzliche Orientierung und einen bergenden Grund für ihre Existenz suchen.
5) Vielleicht sind zusätzlich jene zu nennen, die auf die Tradition jener nahen und fernen wichtigen Personen setzen, die vor ihnen gelebt haben: die Vorbilder aus der Geschichte und die wichtigen Menschen aus dem Nahbereich, die Eltern, Großeltern oder Urgroßeltern im Glauben.

Jugendliche sehen mit unterschiedlichen Augen auf Bekenntnistexte und suchen in ihnen Resonanzen für ihre Lebensorientierungen.

Jede Generation stand und steht vor der Vermittlungs- und Aneignungsaufgabe, und über Jahrhunderte ist sie immer wieder gelungen. In der Gegenwart besteht die Sorge, dass kommunikative Probleme rund um die Konfirmation, die das Bekenntnis betreffen, nicht zu einem Gefühl der Zusammengehörigkeit, sondern dem der Trennung führen. Hinzu kommen die ›Angebote‹ von Agnostizismus, Atheismus und Religionspluralität, kommt die Ablehnung als autoritär empfundener Institutionen und Strukturen, auch im Zusammenhang kirchlicher Bekenntnisse, kommt bei einigen Jugendlichen aber auch das Gegenteil, eine Sehnsucht nach (z.T. vermeintlicher) Klarheit und stärkerer Autorität. Kontroversen um Bekenntnistexte werden heute nicht nur hinsichtlich ihrer Inhalte, sondern auch hinsichtlich ihrer Form und Vermittelbarkeit geführt.

48. Ein Vergleich: sich bekennen zu verschiedenen Bewegungen und Gruppen

Social Media-Auftritte (von Jugendlichen) geben Einblick, welchen Bedarf und welchen Gebrauch Jugendliche vom Thema Bekenntnis auch in nicht-familiären Bezügen haben bzw. machen. Profilbilder zeigen z.B. die Signets von Sport-Clubs, entweder überregional oder von demjenigen, in dem Jugendliche selbst Mitglied sind; sie zeigen Fotos von Peer-Groups, die sich bestimmten Aktivitäten zuordnen (z.B. Fridays for Future, CVJM, Evangelische Jugend, Fair Trade), von Antirassismus- und Antifaschismus-Gruppen, und auch von Musik-Bands. Buttons auf Schulrucksäcken und an Jacken werden genutzt, um sich zu bekennen.

Eine Studie zu Facebook-Seiten kann zeigen, dass hier Formulierungen genutzt werden, die semantische Ähnlichkeiten zu Bekenntnissen aufweisen. Studien zur politischen Bildung zeigen ferner, dass Jugendliche vermehrt politisches

Engagement zeigen und sich mit Ideen, Bewegungen, Gruppen und Netzwerken identifizieren. Diese Hinweise auf aktive, eigenständige und eigeninitiative Prozesse der Welterschließung von Jugendlichen verdeutlichen, dass es keinesfalls für alle Jugendlichen unattraktiv ist, sich zu ganz konkreten Gruppen und Aktivitäten zu bekennen. Untersuchungen zu den (digitalen) Bildungsangeboten von Kirchen für Kinder und Jugendliche machen allerdings erkennbar, dass diese noch nicht sehen, welchen Beitrag sie zu dieser Entwicklung leisten können. Welches Angebot müssen Kirchen für Jugendliche machen, die hybride Einstellungen aufweisen: politisch aktiv sind und zugleich sich dafür interessieren, religiös zu praktizieren? Insofern ist es vermutlich nicht mehr zeitgemäß, von einer evangelischen Jugend auszugehen, die sich allein in der Kirche engagiert und sich allein zu dieser bekennt.

49. Anknüpfungspunkte für Jüngere und kritische Anfragen

Bekenntnistexte haben Tradition und bilden so etwas wie einen roten Faden durch die Geschichte des Christentums. In einer Zeit, in der die Zukunft von Kindern und Jugendlichen – auch durch die Pandemieerfahrung 2020/2021 – noch einmal unsicherer geworden ist, als sie sowieso schon war, können Überlieferungen zu Ankerpunkten werden. Gerade in der evangelischen Bekenntnishaltung, sich in überlieferten Texten zu bergen und sie zugleich hinterfragen zu können, liegt die Möglichkeit, sie zu Begleitstücken im eigenen Leben zu machen. Bekenntnisse haben kirchenhistorisch gesehen immer versucht, Situationen zu deuten und zu klären sowie dabei das nicht Fassbare und nicht Vereindeutigbare im Leben und im christlichen Glauben aushaltbar zu machen. In einer Welt, die komplexer nicht sein könnte, nicht mit einfachen Wahrheiten zu kommen, sondern sich in die Tradition komplexer Weltdeutungen zu stellen, wie es die Bekenntnisse sind, gibt Sicherheit und zugleich eine Basis für die eigene Autonomie und Entwicklung.

50. »Fresh Expressions of Church«

Die »Fresh Expressions of Church« sind zunächst im englischsprachigen Kontext und von dort aus in vielen weiteren europäischen und außereuropäischen Ländern als Alternative zu der christlichen Kultur in den sogenannten Mainline-Churches entwickelt worden. Von zwei großen Beweggründen ist auszugehen: Einerseits gehören Religion, religiöse Praxis und die Identifizierung mit einem Gottesglauben für viele Menschen nicht mehr zu ihrer Sozialisation und auch nicht zu ihren Vorstellungen, ein gelingendes Leben zu führen. Andererseits kursieren viele unattraktive Bilder von Kirche in der Öffentlichkeit, die ihre gesellschaftliche Akzeptanz haben sinken lassen. Vom zerstörerischen Umgang mit Sexualität bis zur Untergrabung persönlicher Autonomie und mangelnder Solidarität mit Benachteiligten oder sozialen Reformbewegungen reichen die massiven Fehler der Kirchen; in den letzten Jahren haben die zutiefst erschreckenden Berichte und Forschungsergebnisse zu sexualisierter Gewalt auch im Rahmen der evangelischen Kirchen zu einer deutlichen Infragestellung des Vertrauens gegenüber Kirchen geführt. Schließlich interessieren sich viele Menschen schlicht nicht für die

Kirchen, weil die Kultur, die dort gelebt wird, mit ihrem Lebensstil wenig zu tun zu haben scheint. Für jene allerdings, die eine eigene Religionssensibilität mitbringen, sollte es statt vornehmlich um Rituale, deren Vollzug sie nicht kennen oder mit denen sie sich kaum identifizieren können, vor allem um die Aufnahme ihrer alltäglichen Bedürfnisse und ihrer existentiellen Lebensfragen gehen.

»Fresh Expressions« aus England stellen so z. B. das existentielle Bedürfnis nach individuellem Ausdruck und Zugehörigkeit ins Zentrum ihres Gottesdienstes, indem Bekenntnisse die eigene Persönlichkeitsentwicklung und Identitätsbildung in Annäherung an und Abgrenzung von Traditionen stärken sollen. Das Sündenbekenntnis ebenso wie das Bekenntnis zum christlichen Glauben stehen in engem Zusammenhang zur Förderung der Artikulationskraft von Christinnen und Christen.

»Fresh Expressions of Church«-Gemeinden (fxc) sehen in ihrem Herkunftskontext den Bezug zu den altkirchlichen Bekenntnissen und zur Bekenntnistradition der Church of England als selbstverständlich an. Wie sehr sie auf sie Bezug nehmen, hängt von der jeweiligen Gemeinde ab: Beim sogenannten »New Monasticism« ist der Bezug stärker, bei der »Messy Church« in England ist er weniger ausgebildet. Es ist im Grunde kein ganz neuer Ansatz, den die »Fresh Expressions« im Vergleich zu anderen Reformbewegungen in den Kirchen anbieten: Gegen die Nachteile einer sich auf Traditionen berufenden Gemeinde, die zu sehr die Bewahrung ihrer überkommenen Religionspraktiken intendiert, fördern sie die lokalen und persönlichen Perspektiven in der Gestaltung kirchengemeindlichen Handelns. Dabei soll eine »Mission-shaped Church« (»durch den Missionsgedanken geformte Kirche«; Titel des anglikanischen Reformpapiers 2004) entstehen, um die Menschen zu erreichen, die den Kontakt zum kirchlichen Leben verloren (»de-churched«) oder nie gefunden haben (»non-churched«). Bekenntnisse sind hierbei sogar integraler Bestandteil dessen, was als Innovation verstanden wird, doch wird – soweit zu sehen ist – die persönliche der institutionellen Funktion des Bekenntnisses vorgezogen.

Aber auch Reformbewegungen wie die »Fresh Expressions« greifen das Bekenntnis durchaus in traditioneller Form auf. Sie stärken an vielen Orten eine individuelle Identifikation mit Bekenntnisaussagen, die sicherlich ihrer eigenen Reflexion bedürfen. Hieraus könnten sich Kriterien für eine heutige Arbeit an Bekenntnissen von Jugendlichen und Erwachsenen ergeben. In deutschen Gruppen, Gemeinden und Bewegungen, die die »Fresh Expressions«-Bewegung aufgreifen, ist dieses Verständnis bisher eher selten bewusst reflektiert. Die Idee der »Fresh Expressions« hat jedoch Kirchen vor allem im westlichen Europa, insbesondere in den Niederlanden, in Deutschland und in Norwegen, inspiriert, über ergänzende alternative Gemeindeformen nachzudenken und diesen Raum zu geben (etwa in den »Erprobungsräumen«, z. B. in der Ev. Kirche in Mitteldeutschland).

51. Welche Erfahrungen haben Ältere mit unterschiedlichen Konfessionen?

Bis in die 1980er Jahre hinein herrschten deutliche Abgrenzungen zwischen evangelischen und römisch-katholischen Gemeinden, oft auch zwischen lutherischen und reformierten. Gerade konfessionsverbindende Paare, bei denen eine Person ein evangelisches, die andere ein römisch-katholisches Bekenntnis hatte, haben Unterschiede leidvoll erlebt: Familientraditionen wurden unterbrochen, Unverständnis herrschte gegenüber Riten in der jeweils anderen Kirche. Diese unmittelbaren oder indirekten Folgen von »Bekenntnisbindung« gab es vereinzelt auch zwischen evangelisch-lutherischen und evangelisch-reformierten Paaren. Sie scheinen durch die ökumenischen Annäherungen der letzten Jahrzehnte weitgehend überwunden zu sein. Unterschiede zeigen sich jedoch in praktischen Fragen wie dem Halten bestimmter Feiertage oder der Einstellung gegenüber dem Abendmahl, aber auch zu kirchlichen Strukturen, Gottesdienstformen, Gemeindebild oder Amtsverständnis. Auf der Ebene von Theologie und Kirchenleitung wird weiter intensiv über die Unterschiede diskutiert. Die theologisch begründete Überwindung ihrer kirchentrennenden Funktion ist erklärtes Ziel vieler kirchenleitender Organe. In Gemeinden wird häufig bereits eine weitgehende Gemeinschaft praktiziert. Die theologische Arbeit an den Unterschieden ist auch deshalb unerlässlich, weil in gesellschaftlichen ethischen Entscheidungssituationen (z. B. zur Abtreibungsfrage oder zum assistierten Suizid) bisher nicht überwundene Unterschiede plötzlich sichtbar werden können.

52. Gibt es weitere Bereiche, in denen das Bekenntnis relevant sein könnte?

In den nächsten Jahren stehen zahlreiche Jubiläen aus der Reformationszeit an, die voraussichtlich 2030 im 500-jährigen Jubiläum der Confessio Augustana ihren Höhepunkt erfahren werden. Viele dieser Jubiläen haben deutlich identitätsstiftende Wirkung, z. B. schon Martin Luthers Widerrufsverweigerung in Worms 1521, die Veröffentlichung der Übersetzung des Neuen Testaments 1522 oder das erste evangelische Gesangbuch (»Achtliederbuch«) 1524, dann Martin Luthers umstrittenes Verhalten im Bauernkrieg 1524/1525 oder die Veröffentlichung von Großem und Kleinem Katechismus im Zusammenhang der ersten Visitationen 1529. Eigene Akzente hatte 2025 das Gedenken an den Beginn der Täuferbewegung 1525. Im weltweiten Kontext wurde 2025 auch das 1700-jährige Jubiläum des ersten christlichen Konzils in Nizäa 325 mit deutlichen Bezügen zur Bekenntnisbildung gefeiert.

Ein Bekenntnis, einschließlich des Bezugs zu Bekenntnistexten, stellt bis heute eine Hilfestellung für Gläubige zum mündigen Christsein und zur Identitätsvergewisserung im eigenen Glauben dar, gerade auch wenn sie auf identitätsstarke Gläubige anderer Religionen treffen. Predigende sollten im Blick auf die Lehrgehalte der Kirche auskunftsfähig sein und sich überzeugend positionieren können. Zudem kann die konfessionelle Prägung von Lehre und Frömmigkeitskultur der Beheimatung des Glaubenslebens in einer unübersichtlich gewordenen Welt dienen – und sie stellt eine Bereicherung der vielgestaltigen Wirklichkeit evangelischen Christentums dar.

IV. Aktuelle Kontroversen und Zukunftsperspektiven zur Rolle des Bekenntnisses und von Bekenntnistexten

53. Ist das »Bekenntnis« eine selbstverständliche Grundlage?

In der Bekenntnisfrage scheint eine erhebliche Verunsicherung zu herrschen, was die gegenwärtige Relevanz des Bekenntnisses für Leben und Lehre der Kirche sowie den Glaubensvollzug des Einzelnen angeht, und wie man zu einem angemessenen Verständnis der Bekenntnistexte kommen kann. Diesbezüglich lassen sich unterschiedliche Interessen und Einschätzungen wahrnehmen: von selbstverständlich und unbewusst oder explizit, bewusst und sprachfähig im »Bekenntnis« gegründeten Gemeinden und Gruppen bis zu einer völligen Indifferenz in Bekenntnisfragen oder der Auffassung, Bekenntnisse stellten schädliche Abgrenzungen zwischen Kirchen und Christinnen und Christen dar, die besser zugunsten eines Allgemeinchristlichen zu verabschieden seien. Grundsätzliche Fragen werden in dieser Vielfalt der Auffassungen verhandelt: Welche Bedeutung können Texte haben, die 500 Jahre alt und in einer Gedanken- und Sprachwelt verfasst sind, die so nicht mehr die unsere ist? Ist es möglich, diesen Graben zu überbrücken? Welche Bedeutung kommt dem Bekenntnis für die Gemeinschaft der Christinnen und Christen zu? Inwiefern hegt das gemeinsame Bekenntnis die zunehmende Individualisierung des Glaubenslebens ein? Einige dieser Fragen sind in dieser Handreichung beantwortet.

54. Wie ist mit den historischen Abgrenzungen und »Verdammungen« heute umzugehen?

Bekenntnisse insgesamt haben immer auch eine abgrenzende Funktion: Das persönlich-authentische Bekenntnis zu Jesus von Nazareth als »dem Herrn« widersprach einst der Zumutung, den römischen Kaiser als den Herrn zu akklamieren; die Formulierung des Evangeliums als der Perspektive, unter der die Heilige Schrift gelesen wird, erfolgte in klärender Auseinandersetzung mit alternativen Verständnissen des Evangeliums bzw. alternativen Schlüsseln zum Verständnis der Schrift. Insofern enthalten Bekenntnisse implizite oder explizite Abgrenzungen und auch Verwerfungen.

In der Vorrede zum Konkordienbuch wird ausdrücklich festgehalten, dass deren Verwerfungen sich nicht auf »ganze Kirchen« oder auf Menschen, die mangels besserer Belehrung die verworfenen Ansichten vertreten, beziehen, sondern nur auf Lehren und die, die hartnäckig auf abweichenden Positionen beharren. Die Verwerfungen in der Konkordienformel, die sich in den Artikeln 1–6 ja durchaus gegen innerlutherische Gegner richten, sind in der Tat nicht personalisiert (keine »Personalkondemnationen«), sondern stellen »Konditionalverwerfungen« (wenn …) dar. Das gilt auch und insbesondere für den ausschließlich aus Verwerfungen bestehenden Artikel 12, der sich unter der Überschrift »Von anderen Rotten und Sekten« gegen die Täufer und andere damalige Positionen am linken Flügel der Reformation richtete.

Die Frage, ob die referierten und verworfenen Lehren die Ansichten der damaligen Gegner trafen oder deren heutige

Nachfolger (noch) treffen, muss von Fall zu Fall untersucht werden und ist sowohl im innerprotestantischen Gespräch mit den Reformierten und den Täufern wie im Gespräch mit der katholischen Kirche ein Diskussionsgegenstand. Für Leid, das aus Verwerfungen z. B. durch Verfolgungen und Haft entstanden ist, haben lutherische Kirchen schon ausdrücklich um Vergebung gebeten und sie in Versöhnungsgottesdiensten, z. B. nach jahrzehntelangen Gesprächen 2010 mit der Mennonitischen Kirche, auch erfahren. Wenn die heutigen Kirchen zu der Einsicht kommen, dass Personalkondemnationen zu Unrecht erfolgt sind oder Konditionalkondemnationen irrig sind, sollten sie das auch weiterhin offiziell feststellen, insbesondere dann, wenn sie mit gegenwärtigen Nachfolgepositionen im Gespräch stehen.

Allerdings sind Grenzziehungen nicht von vornherein negativ zu bewerten, sondern, wie das Beispiel des Kirchenkampfes und die Barmer Theologische Erklärung zeigen, zuweilen auch heute noch anerkannt. Zudem gibt es Lehrbekenntnisse nicht ohne eine abgrenzende Wirkung auch dann, wenn diese Abgrenzung nicht ausdrücklich vollzogen wird. Eine Abgrenzung kann auch notwendiger Teil einer Identitätsformulierung sein.

55. Warum wird die »Bekenntnisbindung« von Kirchen auch kritisch gesehen?

Aus verschiedenen, z. B. systematisch-theologischen, aber auch soziologischen, religionswissenschaftlichen, psychologischen u. a. Perspektiven betrachtet, sind Konfessionen oft etwas anderes als im aktuellen kirchlichen und historischen Kontext und Selbstverständnis. Manchmal erscheinen sie fast als etwas Beliebiges. Im gegenwärtigen Protestantismus kann z. B. betont werden, dass es für jede religiöse Gemeinschaftsbildung konstitutiv sei, sich auf der Grundlage ›gemeinsamer religiöser Deuteschemata‹ zu vollziehen. Diese Feststellung lässt verschiedene Deuteschemata gleichberechtigt nebeneinanderstehen, unabhängig davon, ob eine Gemeinschaft für sich in Anspruch nimmt, »näher« an religiöser Wahrheit zu sein als andere. Solch ein Schritt zurück von der Bekenntnissituation kann zum friedlichen Miteinander helfen. Gleichzeitig geht auch etwas vom Bekenntnischarakter, von der existenzerschließenden Kraft und Glauben stärkenden Bedeutung verloren: Der Vollzug des Bekenntnisses ist etwas anderes als seine religionssoziologische Deutung.

In dieser Handreichung ist deshalb der Fokus auf ein »klassisches« Verständnis von Bekenntnis gerichtet: Aussagen über den christlichen Glauben auf der Grundlage besonderer theologischer Einsichten und Erfahrungen, verbunden mit Auswirkungen auf kirchliche, z. B. gottesdienstliche, architektonische oder ethische Praxis und in kirchliche Strukturen hinein. Faktisch entsteht kein Widerspruch, weil auch ein »Bekenntnis« ein ›grundlegendes gemeinsames Deuteschema‹ ist. Von manchen wird es auch als fraglich angesehen, ob es eine Position ›außerhalb‹ oder ›oberhalb‹ von Deuteschemata bzw. Bekenntnissen gibt: Kritische Aussagen gegenüber dem einen Deuteschema werden selbst zu einem eigenen Schema, mithin einem »Bekenntnis«.

Komplex ist die Kritik an einer Bekenntnisbindung in der Wissenschaft: Theologie als Wissenschaft ist methodisch möglichst großer Objektivität verpflichtet und kann gleichzeitig nicht anders, als auf Bekenntnistraditionen aufbauend betrieben werden. Indem die jeweilige Bekenntnisbindung offengelegt wird und die Bekenntnisinhalte in wissenschaftliche Diskurse eingebracht werden, wird versucht, möglichst objektiv mit diesen Bezügen umzugehen. Häufig und zunehmend arbeiten Theologinnen und Theologen jedoch »interdisziplinär« mit Wissenschaften ohne Bekenntnisbindung zusammen; auch interkonfessionelle gemeinsame Forschung hat eine lange Tradition; zudem gibt es das Gegenüber der Religionswissenschaft. In diesen Zusammenhängen muss die Bekenntnisbindung erläutert werden.

Eine zentrale generelle Kritik ist auch die »Abgrenzung«, die durch ein Bekenntnis bzw. den Bezug auf einen oder mehrere Bekenntnistexte geschieht. Diese Abgrenzungen haben historisch weitreichende Folgen gehabt, bis hin zu Krieg, Verfolgung und anderer Gewalt. Auch in der Gegenwart gibt es Konflikte, die stark mit einem jeweiligen »Bekenntnis« oder einer Konfessionszugehörigkeit zu tun haben; man denke an Konflikte wie in Nordirland. Allerdings ist ebenso klar, dass sich konfessionelle Momente mit anderen Ursachen für die Konflikte verbinden, wie sozialen Ungleichheiten, wirtschaftlicher oder politischer Vorteilssuche, kollektiven und persönlichen Erfahrungen etc. Gegenwärtig bestehen Konflikte und Verfolgungssituationen mit einem Glaubensbezug weniger wegen eines innerchristlichen religiösen Bekenntnisses (Konfession) als vielmehr wegen unterschiedlicher Zugehörigkeit zu Religionen.

In alle Konflikte hinein gibt es Stimmen, die neben einem friedlichen Miteinander auch den Verzicht auf »Bekenntnisse« fordern und von einer universalen christlichen, humanen und religiösen Gemeinschaft ausgehen. Dagegen wird eingewandt, dass jedes Bekenntnis zu etwas – z. B. dem einen Gott oder Jesus Christus als Erlöser – eine Abgrenzung gegenüber anderem – z. B. einem ›polytheistischen‹ Ansatz (viele Gottheiten, z. B. im Hinduismus) oder einer anderen Erlösergestalt – bedeutet; gerade christliches Verständnis nach dem Zweiten Weltkrieg ist es, dass diese Abgrenzungen keinesfalls gewaltsam ausgetragen werden dürfen – wie es wahrscheinlich auch Lehre Jesu und christliche Grundüberzeugung vor der sog. »Konstantinischen Wende« war, in deren Folge das Christentum im 4. Jahrhundert n. Chr. in eine zunehmend machtvolle Mehrheitsposition kam. Der Verzicht auf »Bekenntnis« bedeutet das Aufgeben von Identität. Einer Bekenntnisgemeinschaft wie der VELKD als christlicher evangelisch-lutherischer Gemeinschaft von Kirchen und Kirche ist es tiefes Anliegen, Bekenntnis und Identität klar und friedlich zu leben, auf der Suche nach Wahrheit und in der ökumenischen Verbundenheit inner- wie außerevangelisch sowie im Dialog mit anderen Religionen; und dabei auch auf Kritik von sich als nichtreligiös Verstehenden zu hören.

56. Diskussionen um Bekenntnisse und religiöse Symbole im öffentlichen Raum

Bekenntnisse waren vor dem Ende des Landesherrlichen Kirchenregiments 1918 auch von öffentlichem Interesse, da die Landeskirchen in den protestantischen Territorien Teil der landesherrlichen Verwaltung waren und der Zugang zu den vollen bürgerlichen und politischen Rechten in einem Gemeinwesen lange von der Konfessionszugehörigkeit abhing.

Schon weit vor 1918 löste sich diese Verbindung fortschreitend auf; spätestens seit 1871 stand die Wahrnehmung öffentlicher Ämter – offiziell – nicht mehr unter dem Vorbehalt einer Konfessions- oder Religionszugehörigkeit. Allerdings ist bis in die jüngste Zeit hinein der Umgang mit, z. T. seit dem konfessionellen Zeitalter bestehenden, Ausdrucksformen von Religion im öffentlichen Raum strittig – etwa im Umgang mit dem Kreuzessymbol im öffentlichen Raum, im Umgang mit dem Gottesbezug in der Verfassung oder bei der Formulierung der Bildungsziele der Schulen.

Dabei kommt es zu Konflikten zwischen positiver und negativer Religionsfreiheit bzw. um die religiös-weltanschauliche Neutralität des Staates (Urteil des Bundesverfassungsgerichtes zum Kreuz in bayerischen Schulen; auch um religiöse Symbole anderer Religionen wird gestritten). Zuweilen wird hier von Seiten des Staates oder der Kirchen auf die kulturelle Bedeutung und Prägekraft des Christentums verwiesen. Unabhängig davon, wie man selbst argumentiert: Auch hier zeigt sich die Bedeutung eines Bekenntnisses und seiner Symbole, die auch einem Funktionswandel unterliegen und neben ihrer religiös-kirchlichen Funktion zu einem wichtigen Moment der Geschichte und Identität einer Gesellschaft werden können.

57. Warum bedeutet die Zugehörigkeit zu einem »Bekenntnis« heute vielen Menschen deutlich weniger als früher?

Es liegen keine Studien vor, die über die frühere Bedeutung des Bekenntnisses und die heutige Auskunft gäben. So lässt sich kaum mit empirischer Sicherheit sagen, dass den Menschen früher ein Bekenntnis mehr bedeutet hätte als heute. Was wir aber wissen, ist, dass das Bekenntnis in vielen historischen Kontexten eine Funktion für das soziale Zusammenleben hatte, die es heute nicht mehr hat. So waren Raum und Zeit durch konfessionelle Markierungen gekennzeichnet. Es gab z. B. Wohnorte, die evangelisch oder katholisch geprägt waren, und Feiertage, die katholisch oder evangelisch begangen wurden. Es gab Rituale, wie z. B. die Hochzeit, die durch das Bekenntnis strukturiert wurden und mit ihnen auch das Familienleben. Menschen und ihre Familien wurden bis Mitte des letzten Jahrhunderts mehr oder weniger eindeutig einer Konfession zugeordnet. Der soziale Druck, sich konfessionellen Prägungen zu unterwerfen, ist aus verschiedenen Gründen gewichen: aufgrund einer veränderten Mobilität, vor allem im Erwerbsarbeitsleben, aber auch aufgrund von Enttraditionalisierungs- und Individualisierungsprozessen, schließlich auch von Prozessen des sozialen Aufstiegs und der Öffnung von Bildungschancen.

In diesen Prozessen ist die Bundesrepublik Deutschland ebenfalls in der Zeit nach dem Zweiten Weltkrieg zu einem Land mit hohem Einwanderungsanteil geworden. Zu ihrer Gesellschaft gehört es, dass Menschen aus allen Teilen der Erde in sie migrieren. Zunächst waren es christliche Einwanderinnen und Einwanderer, ab den siebziger Jahren kamen Emigrierende aus der Türkei und mit muslimischer Religion hinzu. Heute wird Religion plural gelebt, die evangelische Religionszugehörigkeit ist faktisch eine Option unter vielen. Zudem hat die deutsche Teilung nach dem Zweiten Weltkrieg dazu geführt, dass der Einfluss des kirchlichen Lebens auf die Öffentlichkeit der ehemaligen DDR sehr begrenzt wurde. So entstand hier eine Kultur, die weitgehend konfessionslos zu nennen war. Die nachwachsenden Generationen stehen in überwiegendem Maße in einem entweder indifferenten oder distanzierten Verhältnis zu Religion überhaupt. Die evangelischen Gemeinden sind in weiten Gebieten der neuen Bundesländer in einer besonderen Minderheitensituation (wenn diese Minderheit auch oft engagierter als im Westen ist: laut KMU VI 56 % regelmäßige Gottesdienstteilnahme in Ost-, 33 % in Westdeutschland). Gleiches gilt deutschlandweit für einige Großstädte.

Anstatt von einem generellen Bedeutungsverlust, scheint es treffender zu sein, von einem Bedeutungswandel zu sprechen. Waren in früheren Zeiten Konfessionen und Bekenntnisse zu ihnen vor allem in der Funktion interessant, dass sie Zugänge zu sozialer Teilhabe eröffneten, fungieren sie heute vielmehr identitätsstiftend. Sie liefern Ressourcen für einen individuellen Vergewisserungsprozess, der durchaus sozial geteilt wird. Scharfe Abgrenzungen unter den Konfessionen werden kaum mehr geschätzt. Auch innerhalb einer Kirchengemeinde wird religiöse Vielfalt gelebt. Hybride Religiosität ist nichts Außergewöhnliches: Menschen greifen auf verschiedene religiöse Traditionen zu und kombinieren sie, damit sie für sie selbst lebensdienlich werden. Die Institution vermag nur begrenzt das Bekenntnis zu kontrollieren. Sie bietet ihre Tradition an, damit die, die ihr folgen, eine Orientierung und einen Resonanzraum für die Entwicklung ihres Glaubenslebens erhalten, das in vielen Fällen ein Teil, nicht das Ganze, ihrer Identität ausmacht. Vermutlich ist es hilfreich, davon auszugehen, dass das Bekenntnis eine stärkere Bedeutung in der persönlichen Dimension als Stabilisator der eigenen Identität hat als in der sozialen Dimension, denn schließlich ist Religion und das Bekenntnis zu ihr – entgegen ihrer auf Sozialität angelegten Struktur – für viele Menschen nicht nur gegenüber dem Staat, sondern auch innerhalb von Gesellschaft und Kultur Privatsache.

58. Wie ist mit Vorschlägen zu Formulierungsänderungen umzugehen?

Für den reformierten und Teile des unierten Bereiches ist die Möglichkeit, Bekenntnistexte in ihren Formulierungen zu ändern oder neue Bekenntnisformulierungen aufzunehmen, traditionell leichter als für evangelisch-lutherische Kirchen (s. Abschnitt 15). Im evangelisch-lutherischen Bereich ist mit den Bekenntnistexten eine so grundlegende Zuordnung von »Schrift und Bekenntnis«, von Mitte der Schrift und einzelnen Aussagen getroffen, dass sie schwer hintergeh- oder gar aufhebbar erscheint. Grundsätzlich sind jedoch die Bekenntnisformulierungen der Schrift nachgeordnet – schon Martin Luther wollte sich gerne »mit klaren Worten der Schrift« widerlegen lassen. Für lutherische Theologie und Kirche besteht ein – legitimer – Zirkelschluss darin, dass Bekenntnis und Kirche durch den Bezug zur Mitte der Schrift definiert sind und ein Herausfallen aus dieser Definition ein Herausfallen aus Kirche und Bekenntnis bedeuten kann (Genaueres s. Abschnitte 3, 20 und 21). Dennoch können Bekenntnisformulierungen für bestimmte Zeiten in Geltung stehen und für andere Zeiten ihr Gewicht verlieren; auch das Verhältnis von Schrift- und deutenden Bekenntnisaussagen wird weiterentwickelt und verändert sich. Angesichts der identitätstragenden Funktion der Bekenntnisschriften ist es faktisch so, dass Vorschläge zu Formulierungsänderungen im Bewusstsein der Fehlbarkeit und Vorläufigkeit menschlicher Aussagen (auch Bekenntnisaussagen) immer wieder sorgfältig geprüft werden müssen, bisher jedoch keine das Bekenntnis aufhebenden oder unbedingt Umformulierungen erfordernde Aussagen identifiziert worden sind.

59. Erfordert das veränderte Verständnis der Normativität der Heiligen Schrift ein verändertes Verständnis der Normativität des Bekenntnisses?

Die Schrift ebenso wie das Bekenntnis haben den Grund und die Grenze ihrer Normativität darin, dass sie Quelle bzw. Zeugnis des Evangeliums von Jesus Christus sind. Beide sind auf die Verkündigung und durch sie auf das Entstehen von rückhaltlosem Vertrauen auf den Dreieinigen Gott (Glauben) ausgerichtet und entfalten hier ihre normative Funktion: die Schrift insofern, als die Verkündigung dem bedingungslosen Zusagecharakter der biblischen Texte verpflichtet ist; das Bekenntnis insofern, als es das bedingungslose Evangelium von Christus so zusammenfasst, dass es als Verstehenshilfe orientierende Kraft für eine Schriftauslegung und Verkündigung gewinnt, die auf rückhaltloses Vertrauen auf den Dreieinigen Gott (Glauben) abzielen.

Dieses Verständnis der Normativität von »Schrift und Bekenntnis« findet sich in vielen reformatorischen, aber auch vor- und nachreformatorischen Positionen. Es wird jedoch im

Laufe der theologischen Diskussionen immer wieder überlagert durch ein Verständnis der Schrift und des Bekenntnisses als Quelle vor allem gegenständlicher (»sachlicher«) Informationen, die unmittelbar anerkannt werden müssten. Auch ein solches Verständnis der Normativität kann nicht ernsthaft behaupten, dass dieser Anspruch alle gegenständlichen Aussagen der Schrift oder des Bekenntnisses in gleicher Weise einschließt und muss schlüssige Kriterien der Unterscheidung verbindlicher von unverbindlichen Aussagen angeben können.

Die Grundlagen der Normativität von »Schrift und Bekenntnis« sind jedenfalls aufeinander bezogen; ihre Verbindlichkeit ist nach protestantischem Verständnis nicht durch eine formale Autoritätsstellung, sondern durch inhaltliche Kriterien begründet. Die klärende Auseinandersetzung um das Verständnis und den Anspruch der Texte ist nicht abschließbar, sondern stellt sich jeder Generation neu.

Anhang

Beispiele für den Bezug auf Bekenntnistexte in Kirchenverfassungen

I. Bezugnahmen im lutherischen Kontext:

In Präambel oder Grundartikel der jeweiligen Kirchenverfassung wird festgehalten, dass für Lehre und Leben der Kirche das evangelisch-lutherische Bekenntnis maßgeblich ist. Zum Teil wird dies im Text der Verfassung wiederholt bzw. konkretisiert.

Beispiel 1: Grundartikel der Verfassung der ELKB, Abs. 3: »Mit den christlichen Kirchen in der Welt bekennt sie ihren Glauben an den Dreieinigen Gott in den altkirchlichen Glaubensbekenntnissen. Sie hält sich in Lehre und Leben an das evangelisch-lutherische Bekenntnis, wie es insbesondere in der Augsburgischen Konfession von 1530 und im Kleinen Katechismus D. Martin Luthers ausgesprochen worden ist. Damit bezeugt sie die Rechtfertigung des sündigen Menschen durch den Glauben um Christi willen als die Mitte des Evangeliums. In der Barmer Theologischen Erklärung von 1934 weiß sie die befreiende und verbindliche Kraft des Evangeliums Jesu Christi aufs Neue bekannt.«

Beispiel 2: Präambel der Verfassung der Nordkirche: »Die Kirche gründet in dem Wort des dreieinigen Gottes. Gerufen von diesem Wort bekennt sich die Evangelisch-Lutherische Kirche in Norddeutschland zu dem Evangelium von Jesus Christus, wie es im Zeugnis der Heiligen Schrift des Alten und Neuen Testaments gegeben, in den altkirchlichen Bekenntnissen und in den lutherischen Bekenntnisschriften ausgelegt ist und wie es aufs Neue bekannt worden ist in der Theologischen Erklärung der Bekenntnissynode von Barmen.«

Art. 1 IV Verfassung Nordkirche: »Die Evangelisch-Lutherische Kirche in Norddeutschland ist eine Kirche lutherischen Bekenntnisses. 2 In ihr gelten die lutherischen Bekenntnisschriften. 3 Dies sind das Augsburger Bekenntnis von 1530, die Apologie des Augsburger Bekenntnisses, die Schmalkaldischen Artikel, der Große und der Kleine Katechismus Martin Luthers sowie, wo es Tradition ist, Philipp Melanchthons Traktat und die Konkordienformel.«

Beispiel 3: Art. 1 I Verfassung VELKD: »Die Grundlage der Vereinigten Evangelisch-Lutherischen Kirche ist das Evangelium von Jesus Christus, wie es in der Heiligen Schrift Alten und Neuen Testaments gegeben und in den Bekenntnisschriften der Evangelisch-Lutherischen Kirche, vornehmlich in der ungeänderten Augsburgischen Konfession von 1530 und im Kleinen Katechismus Martin Luthers bezeugt ist.«

II. Bezugnahmen im unierten Kontext:

A Bekenntnisunion: Formulierung des gemeinsamen Bekenntnisses

Beispiel 1: § 2 Verfassung der Pfälzischen Landeskirche: »Das Bekenntnis der Protestantischen Landeskirche ist ausgesprochen in ihrer Vereinigungsurkunde: Sie hält die altkirchlichen sowie die in den lutherischen und reformierten Kirchen gebräuchlichen Bekenntnisse in gebührender Achtung, erkennt jedoch keinen anderen Glaubensgrund und keine andere Lehrnorm an als allein die Heilige Schrift.«

Beispiel 2: Vorspruch der Grundordnung der Badischen Landeskirche: »(1) Die Evangelische Landeskirche in Baden glaubt und bekennt Jesus Christus als ihren Herrn, als alleiniges Haupt der Christenheit. (2) Sie gründet sich als Kirche der Reformation auf das in der Heiligen Schrift Alten und Neuen Testaments bezeugte Wort Gottes als die alleinige Quelle und oberste Richtschnur ihres Glaubens, ihrer Lehre und ihres Lebens und bekennt, dass das Heil allein aus Gnaden, allein im Glauben an Jesus Christus empfangen wird. (3) Sie bezeugt ihren Glauben durch die drei altkirchlichen Glaubensbekenntnisse: Apostolicum, Nicaenum und Athanasianum. (4) Sie anerkennt, gebunden an die Unionsurkunde von 1821 und ihre gesetzliche Erläuterung von 1855, namentlich und ausdrücklich das Augsburger Bekenntnis als das gemeinsame Grundbekenntnis der Kirchen der Reformation, sowie den kleinen Katechismus Luthers und den Heidelberger Katechismus nebeneinander, abgesehen von denjenigen Katechismusstücken, die zur Sakramentsauffassung der Unionsurkunde in Widerspruch stehen. (5) Sie bejaht die Theologische Erklärung von Barmen als schriftgemäße Bezeugung des Evangeliums gegenüber Irrlehren und Eingriffen totalitärer Gewalt. (6) Sie weiß sich verpflichtet, ihr Bekenntnis immer wieder an der Heiligen Schrift zu prüfen und es in Lehre, Ordnung und Leben zu bezeugen und zu bewähren.«

B Verwaltungsunion:

Definition des gemeinsamen Grundbekenntnisses; Definition und Schutz der Teilbekenntnisse (s. z. B. die drei Grundartikel der Kirchenordnung von Westfalen).

III. Bezugnahme im reformierten Kontext:

Nennung der Bekenntnisgrundlagen, aber Betonung von deren nicht abschließendem, entwicklungsfähigen Charakter

Beispiel: § 1 IV Verfassung der evangelisch-reformierten Kirche: »Als Urkunden des Bekenntnisstandes der Evangelisch-reformierten Kirche gelten die altkirchlichen Bekenntnisse (Apostolicum, Nicaeno-Constantinopolitanum, Athanasianum), der Heidelberger Katechismus und die Theologische Erklärung von Barmen vom 31. Mai 1934. 2 In diesen Bekenntnisschriften sieht die Evangelisch-reformierte Kirche – vorbehaltlich weiterführender schriftgemäßer Glaubenserkenntnis – maßgebliche Zeugnisse für ihre kirchliche Verantwortung.«

IV. Bezugnahme im besonderen Kontext der EKD:

Grundbekenntnis in der Präambel:

»Grundlage der Evangelischen Kirche in Deutschland ist das Evangelium von Jesus Christus, wie es uns in der Heiligen Schrift Alten und Neuen Testaments gegeben ist. Indem sie diese Grundlage anerkennt, bekennt sich die Evangelische Kirche in Deutschland zu dem Einen Herrn der einen heiligen allgemeinen und apostolischen Kirche.

Gemeinsam mit der alten Kirche steht die Evangelische Kirche in Deutschland auf dem Boden der altkirchlichen Bekenntnisse.

Für das Verständnis der Heiligen Schrift wie auch der altkirchlichen Bekenntnisse sind in den lutherischen, reformierten und unierten Gliedkirchen und Gemeinden die für sie geltenden Bekenntnisse der Reformation maßgebend.«

Verpflichtung zum Schutz der unterschiedlichen Bekenntnisstände: s. Art. 1 I 3 GO EKD: »Sie achtet die Bekenntnisgrundlage der Gliedkirchen und Gemeinden und setzt voraus, dass sie ihr Bekenntnis in Lehre, Leben und Ordnung der Kirche wirksam werden lassen.«

Mitglieder des Theologischen Ausschusses der VELKD 2017–2023

Prof. Dr. Dr. h.c. Christine Axt-Piscalar, Lehrstuhl für Systematische Theologie, Göttingen (Vorsitzende)

Prof. Dr. Notger Slenczka, bis 2024 Lehrstuhl für Systematische Theologie, Berlin (Stellvertretender Vorsitzender)

Prof. Dr. Uwe Becker, Lehrstuhl für Altes Testament, Jena

OKR Prof. Dr. Ulrich Heckel, Evangelischer Oberkirchenrat der Württembergischen Landeskirche und Professor für Neues Testament, Tübingen

Prof. Dr. Michael Herbst, bis 2022 Lehrstuhl für Praktische Theologie, Greifswald

Prof. Dr. Rochus Leonhardt, Institut für Systematische Theologie unter besonderer Berücksichtigung der Ethik, Leipzig

Regionalbischof (bis 2021) Prof. Dr. Stefan Ark Nitsche, Nürnberg und Hochschule Neuendettelsau

Prof. Dr. Ilona Nord, Institut für Evangelische Theologie und Religionspädagogik, Würzburg

Wissenschaftliche Mitarbeiterin Dr. Renate Penßel, Institut für Kirchenrecht, Erlangen

Prof. Dr. Wolf-Friedrich Schäufele, Fachgebiet Kirchengeschichte, Marburg

Hauptpastor und Propst Dr. Martin Vetter, Kirchenkreis Hamburg-Ost

Prof. Dr. Achim Behrens, Lutherische Theologische Hochschule, Oberursel, Institut für Altes Testament (Gast SELK)

OKR Dr. Martin Evang, Amtsbereich der UEK im Kirchenamt der EKD (Gast UEK)

OKR Dr. Martin Hauger, bis 2023 Kirchenamt der EKD (Gast EKD)

OKR Dr. Andreas Ohlemacher, bis 2024 Amtsbereich der VELKD im Kirchenamt der EKD (Geschäftsführer seit 2018), jetzt Deutsches Nationalkomitee des Lutherischen Weltbundes